AF223125

Herstellung und Verlag:
Books on Demand GmbH, Norderstedt
ISBN: 978-3-8391-4945-4

Kai S.

SIEBEN MAL ICH
Stummer Hilferuf

Inhaltsverzeichnis

Grundschule: Es darf nicht weh tun!.....................7

  Guten Morgen 7

  Schultag 1 9

  Zu Hause 12

  Bei Oma und Opa 17

Mord: Was der Sinn?...................................23

  Alleine...24

  Schule 26

  Du bist Hart...28

  Mord 30

  Ist es vorbei? 35

  Gute Nacht 38

Psychiatrie: Das Medikament.........................39

  Aufstehen, waschen, Frühstück 40

  Die Therapie 43

  Entlassung?..46

  Kuchen..51

Heim: Der Junge 54

  Morgens 55

  Mathe 58

Stress 60

Nachmittag 64

Essen 68

Größte Scharm 71

Der knall: Es fängt wieder an 74

Gestern 75

Tot 76

Polizei 82

Fliege ich? 87

Tagesklinik: Magersucht im Kopf 90

Hinfahrt 91

Weihnachtsmarkt 95

Cheeseburger 97

Reha-Haus: Die Einsicht............................100

Arbeitstherapie...101

Gespräch..106

Danke.............................**Fehler! Textmarke nicht definiert.**

Grundschule: Es darf nicht weh tun!

Guten Morgen

Was ist passiert? Wo bin ich jetzt schon wieder? Alles, woran ich mich erinnern kann ist, dass mich ein Mann angequatscht und mir eine rein gehauen hat. Oh, wenn ich diese Person noch mal sehe. Au weia, der kann sich warm einpacken.
Wenn das mein Vater mitbekommt, oha.
Aber wo bin ich und was ist das für ein nervender Ton? Hoffentlich ist das nicht der Wecker. Natürlich, das kann nur der Wecker sein. Gleich kommt mein Vater und schreit mich wieder an.
<<Aufstehen! Sofort! Oder ich komme mit einem Eimer voll Wasser. >> höre ich Papa poltern.
Also doch nur alles ein Traum. Wahrscheinlich ist das so wie gestern im Fernsehen. Der Junge, der im Schlaf durch die Zeit gereist ist. Alles was er träumte war real. Ja, das wäre schön. So muss es sein.
<<Wird's bald? >> höre ich ihn, wie durch einen schwarzen Schleier meiner Welt.
<<Ja, Papa. Reg dich nicht auf. Guten Morgen >>, höre ich mich und im nächsten Moment verfluche ich mich. Wieso nur habe ich das gesagt? Immer mache ich Fehler. Gleich bekomme ich wieder eine.
<<Ich rege mich nicht auf. Wenn du nicht sofort aufstehst, setzt es was! >> schreit er.
So langsam öffne ich meine Augen. Blinzle, weil es so hell ist. Meine Augen, aber ich darf sie nicht wieder schließen. Wenn er es sieht. Nein, daran jetzt nicht denken. Steh auf, du schaffst das. Nur die Decke wegschmeißen und die Beine raus setzen bevor er wiederkommt.

* * *

<<Hey, steh endlich auf. So schwer ist das nicht>> brüllt er und geht zum Fenster, reist es auf. Geht zu meinem Bett und nimmt mir die Decke weg.

<<So nun steh auf, Frühstück bekommst du nicht, sonst verpasst du noch den Bus! Schule ist wichtig. Und wenn du Arbeiten schreibst, erwarte ich von dir, dass du dein Bestes gibst. Und du weißt, was ich damit meine. Nun los ins Bad mit dir. >>

Also los ins Bad, so das übliche halt. Ich darf mir keine Zeit lassen, so wie ich Papa kenne. Nein nicht nachdenken, einfach machen.

<< Los jetzt komm runter, sonst verpasst du noch den Bus. Wie oft habe ich dir schon gesagt, du sollst nicht trödeln. Nein, nein, nein, wie oft bloß, bist du so blöd oder tust du nur so? Manchmal glaube ich, wir haben dich im Krankenhaus verwechselt >> höre ich Papa schreien.

Na gut, Zähne geputzt habe ich und mich etwas gewaschen. Jetzt noch schnell anziehen und los zum Bus. Ist wirklich schon spät, aber egal, eigentlich habe ich keine Lust auf Schule. Die ärgern mich ja sowieso nur und reden tun die mit mir auch nicht. Aber alles egal, muss ja hin, sonst bekomme ich von Papa wieder Schläge.

So, nun bin ich im Bad fertig. Schultasche ist unten, genauso wie meine Schuhe. Keine Zeit lassen, schnell, schnell ... bin ich unten.

<< Tschüss Papa und Mama bin heute um 13 Uhr wieder da >> rufe ich als ich raus renne. Weg hier.

Schultag 1

Da bin ich wieder in der Schule. Alle sind da, mal wieder.
Keiner Krank. Unsere Klasse ist genau unterm Dach. Ist es hier
warm, viel zu heiß für mich. Ich liege mit dem Kopf auf meinem Tisch. Die Lehrerin vorne erzählt irgendwas, was mich
nicht interessiert. Warum soll ich lernen, nur damit ich meinem Vater gefalle? Nein, dass brauch ich nicht. Ich rede lieber
mit Henri, Ina und ihren Freunden. Sie sind immer da. Nur ich
kann sie sehen, sonst keiner. Sie erklären mir viel. Warum es
regnet, wieso mein Vater mich nicht liebt und sie sind besser
als die anderen. Deshalb rede ich mit ihnen. Die anderen verstehen mich nicht. Sie hauen und schlagen mich nur.
Warum geht die Stunde nicht vorbei. Gleich haben wie Mathe, mein Lieblings Fach. Das macht so viel Spaß mit Zahlen
und Formel zu arbeiten. Ist das einzige Fach, mit dem ich an-
geben kann, womit ich jedem zeigen kann, dass ich was kann,
dass ich es wert bin hier zu sein. Und nach Mathe ist auch die
Schule für heute vorbei. Dann nur noch den Bus überleben
und hoffentlich bekomme ich keine Schläge, wenn ich wieder
nach Hause komme. Hoffentlich haben meine Brüder nichts
angestellt. Aber daran glaube ich nicht. Auch wenn sie nichts
machen. Meinem Vater fällt schon was ein, womit er mir weh
tun kann.
<< ... Was ist ... das für ein ... Philipp? >> höre ich
Alle schauen sie mich an. Nein, ich darf nichts sagen. Ich habe
es nicht verdient. Jetzt lachen sie alle, aber egal - lass sie ruhig.
<<Denk daran was ich dir gesagt habe: Sie sind es nicht wert,
deine Stimme zu hören. >> sagt Henri zu mir. Und er hat
recht. Wann klingelt es denn endlich? Los jetzt, meine Uhr
zeigt mir an, dass die Stunde vorbei ist.

-Ding Dong-

Ja endlich, so jetzt noch Mathe und dann nach Hause. Ich mache zwar gern Mathe, aber das heißt ja nicht, dass ich zuhören muss, was hier so erklärt wird. Rechne ich einfach mal im Buch weiter. Lass sie ruhig labern. Umso weiter ich rechne, umso weniger Hausaufgaben habe ich auf. Und Papa wird stolz sein. Jetzt habe ich schon zwei Seiten aus dem Mathe Buch weiter gerechnet und die anderen prahlen schon, dass sie bei Aufgabe 5 sind. Wenn sie wüssten. Nein, lieber sage ich nichts, sonst bin ich noch mehr der „Andere".

In 5 Minuten ist die Stunde vorbei. Muss in Deutsch ein Gedicht lernen und sonst nichts. Gott sei Dank auch, weniger Stress. So, die Stunde ist vorbei, langsam mit den anderen zum Bus gehen. Naja erst Jacke anziehen, Ranzen aufsetzen und zur Bushaltestelle gehen.

Nun bin ich unten, na toll, der Bus ist noch nicht da, dass bedeutet Ärger zu Hause. Wahrscheinlich bekomme ich wieder Schläge. Glaube aber nicht so schlimm wie vor drei Tagen, da hat er mir einen Zahn rausgehauen und mich für 2 Tage aufs Zimmer gesperrt. Nur, weil meine Brüder den Rechner zerstört haben. Was habe ich damit zu tun? Mann oh Mann, wann kommt der Bus? Ich darf nicht zu spät kommen.

Nein, jetzt kommen meine Mitschüler auf mich zu, was wollen die schon wieder? Verstehen die nicht, dass ich nichts mit ihnen zu tun haben möchte? Haut ab, geht weg. Sie schubsen mich und werfen mit Steinen nach mir. Warum machen die das?

<<Aua! Hört auf! Das tut weh>> schreie ich, aber sie lachen nur. Und schreien ihre dummen Sprüche noch lauter. Was hat Papa immer gesagt? Wenn mich jemand dumm anmacht, soll ich ihnen zeigen, wo es lang geht. Mir wird schwarz vor Augen, nicht schon wieder. Es soll aufhören. Die Stimmen der anderen sind weg, ich höre nichts mehr, ich fühle mich frei.

Alles ist so ruhig und schön. Ich höre kein Lachen mehr, alles ist anders. Ich fühle mich stark, unzerstörbar.

Was habe ich gemacht? Einer meiner Mitschüler liegt unter mir. Ich sehe, wie ich ihn trete. Ich fühle, wie mir Tränen über die Wangen laufen. Nein, warum nur? Wenn das Papa erfährt, bin ich tot. Ich lasse ihn los und schaue mich um. Der Bus ist schon da, schnell weg hier. Ich muss nach Hause zu Papa und meine Strafe abholen. Der Bus soll sich beeilen. Was mache ich nur? Ich habe Angst. Ich weine ja immer noch. Bin ich noch nicht eisern und hart? Dachte ich wäre es schon. Das gibt Ärger. Warum tut Mama nichts? Sie weiß doch, wie er ist. Warum hilft mir keiner? Sehen die Anderen das nicht?

So, hier muss ich aussteigen und den Berg hoch, dann bin ich zu Hause. Papa nein … . Nicht daran denken.

Zu Hause

Er steht schon in der Tür und winkt mir zu. Was mach ich bloß? Wegrennen geht jetzt nicht mehr und wo soll ich hin? Noch so 20 Schritte und ich bin bei ihm. Er kommt auf mich zu, schaut mich mit erhobener Hand an und schreit: << Wo warst du? Du kommst 12 Minuten zu spät. >>
<< Der Bus kam zu spät. >> antworte ich.
<< Ach was, das ist doch nur eine Ausrede. Wo warst du? Zum letzen mal! >>
<< Im Edeka, habe mir was Süßes gekauft. >>
Im selben Moment fühle ich seine Faust im Magen.
<< Habe ich mir doch gedacht. Wie oft soll ich dir denn noch sagen, du sollst sofort nach Hause kommen. Mama gibt sich immer so viel Mühe und du hast nichts Besseres im Kopf, dich vorher satt zu essen. >> Er zerrt mich rein. Kommt noch was? Hat er schon mitbekommen, was ich in der Schule gemacht habe? Soll ich es ihm erzählen? Wäre besser, weil ich dann sofort die Strafe bekomme, aber es tut so weh.
<< Phillip, es muss weh tun. Du warst nicht stark, hart und eisern genug. Es muss weh tun. >> sagt Henri zu mir.
Die Tür geht mit einem Knall hinter mir zu, er lässt mich los. Mein Magen, er tut so weh.
<< So, und was ist in der Schule passiert? >> fragt er.
<< Ich würde … >>
<< Ach halte dein Maul, ich weiß es schon. Du hast mal wieder jemanden geschlagen. Was ist eigentlich los mit dir? Du hättest ja zum Lehrer gehen können, als sie dich geärgert haben. Aber du musstest ja gleich drauf hauen. Was haben wir eigentlich falsch gemacht? >>

• • •

Und er schlägt mir mit der Faust ins Gesicht. Es brennt, es tut
so weh. Ich weine, renne schnell los ins Zimmer und lege mich
ins Bett. Henry ist bei mir, er tröstet mich. Er versteht mich.
Jetzt tut es nicht mehr weh. Ich stehe auf. Es ist ruhig. Ich
glaube, Papa ist wieder weg. Schleiche mich runter und
schaue nach. Bin im Flur, ich höre ihn nicht. Bitte, er soll weg
sein. Arbeiten soll er und Mama soll da sein. Schaue mich
weiter um. Ja, ich glaube er ist nicht da. Höre ihn nicht, renne
in die Küche. Dort ist sie, Mama. Sie wischt gerade die Arbeitsplatte ab, gehe zu ihr.
<< Mama ? >> flüstere ich. Sie dreht sich um. Ihre Augen sind
rot, sie schaut mich an, nimmt mich in den Arm und flüstert
in mein Ohr: << Was hat er wieder gemacht? Setz dich, ich
habe dir was übrig gelassen. Papa kommt erst heute Abend
wieder. Philipp es tut mir leid. >>
Sie lässt mich los, setze mich auf meinen Platz.
<< Was machen wir heute? >> frage ich.
<< Mach erst deine Hausaufgaben, danach fahren wir zu Oma
und Opa. >>
<< Ja, Ok. >>
Es gibt mein Lieblingsessen: Kartoffelpüree mit Spinat und
Fischstäbchen. Jetzt geht es mir schon besser. Was ist nur mit
Mama los? Immer, wenn Papa mich geschlagen hat, sind ihre
Augen so rot und sie schaut so komisch. Was mach ich bloß
falsch? Sie soll doch glücklich sein, ich versuche doch nur
hart, eisern und stark zu sein. Ich versuche es doch, aber
manchmal mache ich Fehler. Dann brauche ich halt mal eine
Strafe. Aus Fehlern lernt man doch, oder nicht? Warum freut
sie sich nicht über die Bestrafung?

...

Das Essen war gut. Mama und ich haben uns noch etwas unterhalten. Ich stehe auf, räume meinen Teller weg und gehe
in den Flur, um meine Tasche zu holen. Wo ist bloß meine

Tasche? Die habe ich doch hier abgelegt, oder nicht? Vielleicht ist sie schon im Esszimmer. Gehe aber erst mal meine Hände waschen. Das Wasser tut so gut. Ich frage mich, warum warmes Wasser rauskommt. Wie funktioniert das?

Aber erst mal egal, muss meine Hausaufgaben machen. Was war das gleich noch mal: Auswendig lernen in Deutsch, Erdkunde und Mathe habe ich schon fertig.

Auf dem Weg zum Esszimmer sehe ich meine Tasche. Mama hat die Butterbrotdose rausgenommen und die Tasche ins Wohnzimmer gestellt. Nehme sie und gehe weiter Richtung Esszimmer. Ein sehr offener Raum. Das Zimmer ist nur durch einen breiten Durchgang vom Wohnzimmer getrennt. Rechts ist eine Tür in die Küche. Ein alter Schrank und ein Bücherregal stehen im Raum. In der Mitte steht ein runder Tisch mit einer Blume. So wie immer eigentlich. Wieso schaue ich mir den Raum immer so genau an? Ist doch nur ein Zimmer wie jedes andere auch.

<< Beeil dich Philipp, wir fahren in einer Stunde zu Oma und Opa. >> höre ich Mama sagen.

Also dann wird der Tag doch noch gut. Bin gerne bei Oma und Opa, die sind immer so nett.

Aber erst mal Hausaufgaben machen. Fange mit Erkunde an, das geht immer schnell. Ich soll die Hauptstädte der Länder von Europa in ein Kreuzworträtsel richtig einsetzen. Nach nur 4 Hauptstädten kenne ich schon das Lösungswort. Toll, und dafür soll man sich so eine Arbeit machen. Das verstehe ich nicht. Aber egal, Papa ist ja nicht da. Brauche ich also nicht alles reinschreiben. De Lehrerin interessiert sich ja nur fürs Lösungswort. Also was jetzt? Ach Deutsch, auswendig lernen, wie ich das hasse. Mache ich das jetzt? Wenn ich es nicht mache, bin ich jetzt fertig und komme schneller zu Oma und Opa. Aber andererseits bekomme ich eine schlechte Note in der Schule. Ach nicht wichtig, ist ja nur eine sechs. Wichtiger sind die Arbeiten. Da muss ich zeigen, dass ich gut bin, eher

• • •

sehr gut. Sonst bekomme ich wieder Schläge von Papa. Den Text kann ich sowieso schon auswendig. Lese ihn mir morgen früh noch einmal durch, dann kann ich den Text in der Schule.

<< Mama, bin fertig. Wir können los. Ziehe mir die Schuhe an >> rufe ich.
Bekomme aber keine Antwort. Wo ist sie bloß? Gehe in die Küche, da ist sie nicht. Gehe hoch ins Schlafzimmer, Mama schläft. Gehe zu ihr und wecke sie.
<< Mama aufstehen, wir wollten doch noch zu Oma und Opa? >>
Mama blinzelt, schaut mich an und fragt: << Was ist los? >>
<< Wann fahren wir zu Oma und Opa? >>
<< Um 14 Uhr. >>
Schaue auf die Uhr und sage: << Es ist schon 15 Uhr. >>
<< Ach so, komme sofort. Mach dich schon mal fertig. Komme gleich. >>
Gehe wieder runter. Immer das gleiche. Erst soll ich hin machen und dann schläft sie. Aber das ist normal, naja was soll's? Ziehe mir schon mal die Schuhe und die Jacke an. Gehe noch mal in die Küche und schaue, ob es was zum saubermachen gibt. Sonst macht das Mama und wir kommen niemals los. Nee, ist schon alles fertig. Gehe zu meinen Brüdern, sie sitzen am reparierten PC. Ich darf nie an den PC. Papa meint, ich kann das nicht, ich sei zu blöd. Aber meine Brüder können damit umgehen? Immer dürfen meine Brüder alles und ich nicht. Wieso können sie nicht einfach weg sein?
<<Fahren wir jetzt zu Oma? >> fragt mein Bruder.
Ich nicke nur und gehe wieder in den Flur, zur Treppe nach oben. Mama kommt gerade die Treppe runter. Sie lacht, sie hat sich geschminkt und sie riecht wieder gut.

• • •

<< Wir fahren jetzt. Geh schon mal zum Auto. Komme sofort nach. Wenn ich deine Brüder vom PC weg bekommen habe >> sagt sie.

Ja, wir fahren jetzt zu Oma. Für ein paar Stunden weg von hier. Und zum Abendbrot gibt es wieder was Warmes. Ich glaube, heute gibt es Pommes. Und vielleicht darf ich wieder mit Opa auf eine Baustelle fahren. Er ist Architekt.

Bei Oma und Opa

<< Hallo Philipp, Dominik und Felix. Ist das eine Freude, dass ihr wieder vorbei schaut. Wir hoffen, euch geht es gut. Opa ist oben. Ich glaube, er will gleich wieder weg. Vielleicht kannst du mit Philipp. Frag ihn, 3r wird sich freuen und heute Abend grillen wir. Jetzt kommt aber erst mal rein >> begrüßt uns Oma.

Gehe hoch zu Opa. Mama wird erst mal mit Oma reden.

<< Hey Opa, wann fährst du? Möchte mitkommen. Mama ist unten und redet mit Oma. Meine Brüder sind auch da. >> flüstere ich Opa zu.

<< Rede doch mal lauter. Gleich Philipp. Muss das aber erst noch fertig schreiben. Hier habe ich noch was für dich. >> Er dreht sich um, öffnet eine Seitentür des Schrankes und gibt mir eine Tafel Schokolade. Lecker, meine Lieblings Sorte: Trauben Nuss. Nehme sie und esse sie auf dem Weg nach unten auf, muss mich beeilen. Meine Brüder dürfen die nicht sehen, sonst wollen sie auch was haben, aber sie bekommen hier von nichts. Es ist meine. Opa hat sie mir gegeben und nicht ihnen. Schmeckt die lecker. Mein Magen tut nicht mehr weh. Opa gibt mir immer eine Tafel Schokolade, immer dann, wenn Papa mich geschlagen hat. Warum? Sieht er das? Sehen die anderen das nicht? Henri sieht es auch immer. Opa und Henri sind die besten.

Bin nun unten, meine Brüder sind nicht da. Die Tafel Schokolade ist auch schon weg, in meinem Bauch. Setze mich auf die Treppe und warte auf Opa. Dauert nicht lange. Opa schreibt immer schnell. Warum kann ich nicht hier leben? Für immer? Wieso nicht? << *Mach dir keine Gedanken. Sei ganz ruhig. Papa würde das nie zu lassen. Bald bist du erwachsen. Bald bist du groß, dann bist du stark, eisern und hart. Philipp das willst du doch. Ich bin immer bei dir.* >> höre ich Henri in meinem Kopf.

Hinter mir höre ich Schritte, drehe mich erschrocken um. Opa steht vor mir und sagt: << So Philipp jetzt geht's gleich los. Geh schon mal zur Garage, komme sofort nach. Muss noch ein paar Sachen packen. >>

Ja endlich, es geht los. Gehe in die Küche und sage Mama Bescheid und renne zur Garage. Opa ist schon da, er ist hinten rum raus gegangen. Opa hebt den Kopf als er mich sieht und zeigt mir ich soll mich schon mal reinsetzen. Bei Opa darf ich vorne sitzen. Bei Papa darf ich das nie. Bin ja noch nicht 12 Jahre alt. Aber mein Bruder darf das? Sie dürfen alles und ich? Ich bin doch älter als sie. Ich hasse Papa.

Wir fahren los. Opa muss erst zur Bank und dann zu 2 Baustellen. Danach sammeln wir noch Tannenzapfen bei Opas Tannenzucht. Die kleinen Bäume verkauft Opa vor Weihnachten und die großen geben Tannenzapfen, benötigt er für den Ofen in der Küche.

Die erste Baustelle. Dort möchte jemand eine Garage ans Haus gebaut haben. Nur das Grundstück ist ein wenig zu klein meint Opa und das Fenster in der Wand soll nicht verdeckt werden. << Opa, warum machst du kein Flachdach drauf? >> frag ich Opa. << Das will er nicht haben. >> antwortet Opa. Opa macht noch ein paar Bilder mit seiner Kamera. Die Bilder kommen sofort raus. Nicht so wie bei Papa. Der muss die Bilde erst entwickeln lassen. Die sehen aber auch immer besser aus. Opas Kamera finde ich besser. Nun fahren wir wieder. Zu den Tannen fahren wir nicht mehr. Es ist zu knapp mit der Zeit, sonst macht sie Oma wieder Sorgen.

Bei der zweiten Baustelle muss ich im Auto warten. Es wird dort gerade das Fundament gegossen. Und Opa schaut, ob die das auch richtig machen. Mache das Radio an, mir ist langweilig. Aber besser als zu Hause.

<< *Henri, wie geht's denn dir heute? Ist dir auch langweilig?* >> frage ich Henri.

<< *Mir geht's heute gut, solange du da bist, ist mir nicht langweilig* >> antwortet Henri.

<< *Ich weiß. Was meinst du, ob Papa wieder lieb ist?* >>

<< *Wenn du nicht böse warst?* >>

<< *Ne war ich nicht. Wie findest du die Musik? Wann kommt Opa wieder? Oma macht sich wieder Sorgen. Und was Mama denkt. Sie darf nicht traurig sein.* >>

<< *Opa kommt wieder, er liebt dich doch. Ja, Oma wird sich Sorgen machen. Aber du weißt ja, das macht sie sich doch immer. Sie macht sich auch Sorgen um Mama. Sie wird nicht traurig sein.* >>

<< *Ja Henri du hast recht. Oh, da kommt Opa wieder.* >>

Opa lacht mich an und steigt wieder ein.

<< So mein Junge. Jetzt geht's nach Hause. Dort bekommst du 2 Würstchen. Damit du stark und groß wirst. >> sagt Opa fröhlich zu mir.

<< Hast du das gehört Henri? Gleich gibt es Essen. Juhu, ich liebe Omas gegrillte Würstchen. >> flüstere ich.

<< *Aber das heißt auch, dass du gleich wieder nach Hause fährst und dann wird Papa wieder da sein.* >>

<< Hoffentlich wird er wieder nett sein >> denke ich.

<< *Glaubst du daran? Er kommt von der Arbeit. Er ist dann immer sauer.* >>

<< *Hoffentlich lässt er mich in Ruhe. Bitte, es soll nicht mehr weh tun.* >>

<< *Du weißt, was du machen muss. Du musst perfekt sein, hart und eisern. Zeig deinem Vater, wie gut du bist. Wie perfekt.* >>

<< *Ja Henri du hast recht. Dann tut es nicht mehr weh.* >>

<< Hey Philippis, komm wir sind da. Du sollst nicht immer träumen. Riech mal, die Würstchen sind schon fertig. >> spricht Opa zu mir.

• • •

Steige aus, gehe in die Küche. Der Tisch ist schon gedeckt, alle sitzen sie schon. Mein Platz neben Opa hat mir Mama freigehalten. Ich setze mich hin und sofort gibt mir Oma eine Wurst und etwas Kartoffelsalat.

<< Guten Appetit, Philipp. Lass es dir schmecken. >> wünscht mir Oma.

Ich fange sofort an, schmeckt lecker. Nur der Salat schmeckt etwas scharf, sonst recht gut. Oma unterhält sich mit Mama. Das übliche. Übers Wetter, über irgendwelche Leute hier aus dem Dorf . Opa ist immer noch nicht da. Er lässt sich immer so viel Zeit. Typisch Opa. Ach da kommt er gerade. Er lacht und entschuldigt sich. Oma mahnt ihn an, sich zu setzen und anzufangen.

So, das letzte Stück Wurst auf meinem Teller. Lege mein Besteck auf den Teller.

<< Komm mein Junge, eine Wurst noch. Du musst doch groß und stark werden. >> sagt Opa lächelnd.

Ich habe keinen Hunger mehr. Aber egal, solange ich hier bin, desto weniger Zeit ist es, bis ich ins Bett muss. Bis der Tag vorbei ist.

<< OK, aber eine große Wurst bitte. >> höre ich mich.

<< So ist das richtig, mein Junge. Aus dir muss ja auch was werden. >>

Lache meinen Opa an.

So nun diese Wurst essen, Schuhe anziehen, nach Hause fahren. Dann ist es nur noch gut eine halbe Stunde bis ich ins Bett muss.

...

<< Tschüss, schaut mal wieder vorbei. Ihr seid hier jeder Zeit willkommen und ihr drei, für jeden noch eine Tafel Schokolade. >> verabschiedet sich Oma von uns.

<< Tschüss Oma und Opa, Danke. >>

<< Seit brav zu Hause. >>

Wir nicken und steigen ins Auto ein. Es ist schon dunkel. Mama steigt ein. Wir fahren los. Oma winkt uns zu. Hoffentlich ist Papa nicht sauer, dass wir wieder so spät kommen. Ich möchte nicht dass er wieder Mama anschreit. Ich halte das nicht aus. Es ist doch meine Schuld, nicht ihre. Ich habe doch wieder getrödelt, wie Papa immer sagt.

<< *Hör auf dir Sorgen zu machen. Zeig wie hart du bist. Dann wird Papa dir nichts antun.* >> höre ich Henri.

<< *Ja, aber was ist, wenn ich das nicht kann?* >>

<< *Wir glauben an dich. Alle hier! In unserer Welt bist du sicher, solange du uns vertraust passiert dir nichts.* >>

<< *Aber nur ihr könnt mir auch nicht helfen. Wenn ihr da seid, dann macht doch mal was.* >>

<< *Wir helfen dir doch. Wir geben dir Tipps. Wir sind immer da. Wir mögen dich doch. Ich möchte auch nicht dass du weinst.* >>

<< Philipp aufwachen. Wir sind zu Hause. >> schreit Mama mich an und schüttelt mich.

Ich nicke. Warum schreit sie so? Sie hätte mir das auch normal sagen können. Mein Kopf tut weh. Papa ist nicht da. Sein Auto steht nicht in der Einfahrt. Gott sei Dank. Geh zur Haustür. Ich streite mich mit meinen Brüdern, wer als erstes rein kommt. Wie immer bin ich der Zweite. Ich ziehe mir meine Schuhe aus und laufe hoch ins Badezimmer. Wasche mich und putze mir meine Zähne. Dabei lache ich mein Spiegelbild an. Mein mittlerer Bruder kommt rein und drängt mich vom Waschbecken weg und lacht dabei. Ich wehre mich, dabei schupse ich ihn zu strak. Er fällt auf den Boden und weint. Ich sehe ihn an, fange an zu weinen.

Was habe ich wieder gemacht? Ich bin doch zu blöd für die Welt. Immer mache ich alles falsch. Es tut mir leid. Nein, es wird wieder weh tun. Morgen früh. Nein, ich muss hier weg. Ich muss ins Zimmer.

• • •

Ich lege die Zahnbürste weg, spüle meinen Mund aus und gehe in mein Zimmer. Schließe die Tür hinter mir, ziehe mich um und lege mich ins Bett. Ich weine ja immer noch. Ich darf nicht weinen. Sei hart.

Die Tür geht auf. Mama schimpft: << Was hast du jetzt schon wieder gemacht? Du weißt was passiert, wenn Papa das mit bekommt. >>

Sie nimmt mich in den Arm. Ich merke wie sie weint. Ich fühle, wie sie zittert. Ich habe Angst.

Mama lässt mich los, sie geht.

<< Gute Nacht und träume gut >> wünscht sie mir. Sie schließt die Tür hinter sich. Es ist dunkel. Nun liege ich wieder im Bett. Morgen geht alles wieder von vorn los oder ich stehe morgen nicht mehr auf. Ich will weg sein. Bei Henri und den anderen. Dann sieht mich keiner mehr.

<< *Gute Nacht Henri.* >>

<< *Gute Nacht Philipp, bis morgen. Sei hart, du schaffst das schon. Du musst.* >>

Mord: Was der Sinn?

Alter: ca. 11 Jahre

Was so alles noch passierte:

Als ich 9 Jahre alt war, fingen meine Eltern an sich zu streiten. Mein Vater meint Mama wäre fremd gegangen. Mama
ist wütend darüber, was Papa mir antut. Abends wenn ich im
Bett liege kann ich nicht schlafen wegen der Schreierei. So
mit 11 Jahren wurde es meiner Mama zu viel und sie gab zu,
dass sie fremd geht und sagt zu meinem Vater, dass sie sich
trennen möchte. Dabei verließ sie das Haus.

Zwei Tage später ...

Alleine

Der Wecker klingelt. Ich habe schon wieder nicht richtig geschlafen. Mama hat gestern Abend mal vorbei geschaut und
sie fingen wieder an zu streiten. Sie sollen aufhören. Papa
schlägt nicht mehr, er ist tagsüber immer weg und kommt
abends spät wieder. Er ist dann immer kaputt.
Piep Piep
Ja dummer Wecker, ich stehe schon auf. Stelle den Wecker ab
und gehe Richtung Badezimmer. Aber was ist nun los? Keiner
meiner Brüder ist wach? Die beiden schlafen ja immer noch.
Normaler weise werden sie von Papa geweckt. Gehe mit
Zehnspitzen ins Schlafzimmer, von Mama und Papa. Es ist
niemand da. Nur das Bett von Papa ist durcheinander. Mama
ist gestern nach einiger Zeit wieder gegangen. Dann war es
ruhig. Papa ist wohl schlafen gegangen und heute Morgen
wieder früh weggegangen. Wie viel Uhr ist es jetzt? Was soll
ich nun machen? Ich habe Angst, was, wenn Mama mich mit
Papa alleine lässt. Warum haut sie einfach so ab? Was habe
ich falsch gemacht? << *Henri, was soll ich mache? Helf mir*
bitte. >>
<< *Sei stark, weck die anderen und gehe zur Schule, so kannst*
du Papa beweisen, wie stark du bist. Hör auf zu weinen. >>
Höre ich Henri.
<< *Was mit Mama, sie soll wieder kommen.* >>
<< *Sie kommt wieder. Sie lässt dich nicht alleine. Sie will dass*
du Papa zeigst wie stark du bist. >>
Ich nicke, wische mir die Tränen weg. Ich darf nicht schwach
sein. Zeig, was du gelernt hast. Du bist eisern. Gib dir einen
Ruck. Zuerst wecke ich meine Brüder. Erst den mittleren und
dann den jüngsten. Mache bei beiden das Fenster auf und
nehme ihnen die Decke weg.
Beide fragen mich was los ist.

<< Mama und Papa sind nicht da. >> antworte ich
<< Was ? >>
<< Die haben sich wieder gestritten. >>
Ich gehe wieder in mein Zimmer und ziehe mich um. Schaue
auf die Uhr. Noch 10 Minuten dann kommt der Bus. Scheiße,
das schaffe ich nie. Also muss ich das Frühstück ausfallen
lassen. Renne runter, ziehe mir meine Schuhe an, nehme
meine Tasche und renne raus. Nun muss ich mich aber beeilen. Renne los, die Straße runter und dann links. Sie sind noch
da. Der Bus ist auch nicht da. Jetzt aber schnell, nicht langsa-
mer werden. Er kann jeden Moment kommen.
<< Guten Morgen >> sage ich zu den anderen.
<< Wir dachten, du seist krank. >> spricht einer von ihnen.
<< Nee, meine Eltern sind weg. >>
<< Oh, tut uns aber leid >>
<< Wieso? >>
Keine Antwort. Sie gehen etwas weiter hoch. Nun bin ich
wieder alleine, wie immer. Wahrscheinlich merken sie, dass
ich nicht stark war, dass ich wieder geweint habe. Sie merken
es immer. Jeder merkt es. Keiner hilft mir. Alle finden es gut,
dass ich leide. Nein, heute darf ich nicht reden.
Da kommt der Bus. Ziemlich kalt heute. Hoffentlich wird es
wieder warm. Gestern war es schon warm. Gestern war auch
Mama noch da. Der Bus hält. Es ist wieder ein Reisebus. In
dem Bus sind die Sitze schön weich und warm. Ich steige als
letzter ein. Nun stehe ich im Gang. Hinten sitzen die anderen.
Soll ich zu ihnen setzen? Nein, heute nicht. Sie ärgern mich
nur. Warum nur? Ich setze mich in die Mitte rechts. Der Bus
fährt los. Gleich sind wir in Engar, dort steigen in etwa 15
Leute ein. Die sind OK. Die aus dem nächsten Dorf sind bei
mir in der Klasse, die meinen mich immer ärgern zu müssen.
Immer ich. Und wenn die merken, dass ich nicht hart war, oh
nein, das darf dürfen sie nicht. Ich muss den Mund halten,

sonst machen die mich fertig. Ich versuche, nicht daran zu denken. Nein nie.

Schule

• • •

Der Bus hält an der Schule, Realschule. Ich steige aus und gehe sofort in die Schule. Weiter zur Klasse, um dort zu warten, bis der Lehrer kommt.

<< Henri, bist du da? Ich bin wieder alleine. Weißt du was ich machen soll? >> frag ich mich.

<< Philipp du bist nie alleine? Ich bin immer bei dir. Du weißt was du machen sollst sei stark, hart und eisern. Zeig deinen Mitschülern, dass du ein wahrer Sch. bist. Das du besser bist als sie. >>

<< Ja, Henri. Du bist immer bei mir. Ich werde es ihnen zeigen. Ich werde es jedem zeigen, dass ich was tauge. > >

Dann werden sich Mama und Papa auch wieder vertragen. Papa sagt ja immer zu mir, ich wäre an allem Schuld und Mama sagt immer, ich wäre schwach. Nein das bin ich nicht. Nur schuldig, weil Mama falsch von mir denkt. Auch meine Mitschüler denken falsch. Jeder tut es. Ich sehe es in ihren Augen.

Der Lehrer ist da. Er schließt auf. Ich gehe als erster rein. Setze mich auf meinen Platz und packe meine Sachen raus. Die Hausaufgaben habe ich, war nicht all zu viel. Nur 2 Seiten. War einfach, nur die Hälfte der Klasse hat das nicht verstanden. Was war daran so schwer? Ach egal.

<< Guten Morgen >> begrüßt uns der Lehrer.

<<Guten Morgen >> antworten wir.

<< Habt ihr alle eure Hausaufgaben? Dann legt sie bitte verkehrt herum vor euch! >>

Der Lehrer geht herum. Jeder hat sie heut gemacht. Ja einen roten Hacken gab er mir. Ich glaube, er war mit meinen Leistungen zufrieden.

<< Da ihr ja alle eure Hausaufgaben habt, macht ihr bitte auf der nächsten Seite weiter. Und wer es nicht verstanden hat, wie es geht, fragt seinen Tischnachbarn. >>

Ok. Na gut, mal schauen. Das ja einfach. Die anderen murren schon, aber egal. Dann wird es einfacher, den anderen zu zeigen, wie gut ich bin.

Nach nur einer Schulstunde bin ich fertig. Die anderen regen sich voll auf. Die verstehen das nicht. Das ist doch so einfach. Noch eine Stunde dann ist Pause. Ich hasse Pausen, sie sind immer so langweilig. Aber ich schaue mal auf den Vertretungsplan, vielleicht fällt Englisch aus, wie gestern.

<< *Rechne weiter Philipp, du darfst keine Pause machen. Sonst denken die anderen wieder, du seist faul. Das willst du ja nicht sein* >> schimpft Henri.

<< *Ja du hast recht, soll ich nicht dem Lehrer Bescheid sagen?* >>

<< *Nein, der ist beschäftigt, schau doch mal hin. Der schreibt gerade was und das würde auch zeigen, dass du nicht mitdenkst, das ist eine Schwäche. Du darfst nicht schwach sein.* >>

Als es zur Pause klingelt, habe ich weitere 5 Seiten gerechnet, auch während wir die Seiten mit dem Lehrer durchgingen. Ich achte nie darauf. Ich mache keine Fehler. Warum sollte ich dann aufpassen?

Du bist Hart

• • •

Ich gehe raus in die Pause. Die anderen stehen heute unterm Vordach. Ich stelle mich etwas abseits von ihnen. Mal schauen, was es neues gibt.

<< Hey schon gehört? Nach Sport haben wir frei. >> sagt ein Mitschüler von mir.

<< Wirklich, wow ist ja geil. >> sagte ein anderer von ihnen.

<< Ja, naja hoffe nur, des Bus wurde auch bestellt. Letzte Woche mussten wir noch 2 Stunden warten. >>

<< Hey seht mal wer da wieder steht. >>

Und er zeigt auf mich. Sie kommen auf mich zu. Nein, lasst mich in Ruhe. Ich versuche abzuhauen, aber hinter mir ist eine Wand. Es geht nicht.

<< Wie geht's denn heute, Philipp? >>

<< Gut >> antworte ich.

<< Hey, wir reden nicht mit dir, Arschloch >>

<< Ihr habt mich doch gefragt, wie es mir geht oder nicht? >>

<< Ja haben wir, aber wir meinten nicht dich, Idiot >>

<< Was wollt ihr? >>

<< Nichts und jetzt hau ab, wir wollen dich nie wieder sehen. Wann kapierst du das endlich? Wir hassen dich. Wir wollen, dass du gehst. Wir zählen jetzt bist drei. >> schreit einer von ihnen

Ich kann hier nicht weg. << eins >>

Sie stehen im Halbkreis im mich. << zwei >>

Warum ist hier kein Lehrer? Warum hilft mir keiner? << drei >>

Gehe einen Schritt vor. Im selben Moment schubst mich einer von ihnen vor die Wand. Mir wird kurz schwarz vor Augen. Ich werde sauer, mein Körper zittert.

<< *Zeig es ihnen, zeig ihnen, wie hart du bist. Mach sie fertig. Ich weiß, dass du das kannst.* >> brüllt Henri

Ich fühle mich stark. Ich stehe auf, gehe zu einem hin und schlage zu. Nicht einmal, weiß nicht wie oft, merke nichts mehr. Ich will nur noch zuschlagen.

• • •

Nach einem kurzen Moment merke ich, das mir schwindlig wird. Ich sehe meine geballten Fäuste und die anderen haben Nasenbluten. Nein, was habe ich gemacht?

<< Du hast ihnen gezeigt, dass du hart bist. Es war richtig. >>

<< Ja Henri, ich glaube du hast recht. >>

Ich gehe rein, kein Lehrer hat gesehen was passiert ist.

Warte mal, wir haben Sport. Ich drehe mich um und gehe zur Halle.

Warum stehen da zwei Lehrer? Sie sehen mich und kommen auf mich zu.

<< Was ist gerade passiert, was hast du deinen Mitschülern angetan? >> fragen sie.

Ich zucke nur mit der Schulter.

<< Was soll das heißen? >>

<< Nichts, aber Sie haben angefangen. >> flüstere ich.

<< Soso, also nichts. Mein Freundchen das wird ein Nach-spiel haben. Ich werde gleich deine Eltern anrufen. >>

Nicke und gehe einfach weiter in die Halle. Ich habe keine Sportsachen dabei. Egal. Wozu auch? Die hassen mich ja und keiner möchte mich in der Mannschaft haben. Also schaue ich wie immer nur zu.

Mord

• • •

Nun bin ich wieder im Bus. Sport war nicht interessant. Die haben Völkerball und Fußball gespielt. War nicht der einzige, der nicht mitgemacht hat. Den Lehrer hat es nicht gestört, ach egal. Hoffentlich ist Papa wieder da oder bitte Mama. War ich heute nicht hart? Ich habe ihnen gezeigt, wie ich bin. Aber was ist, wenn Papa wieder sauer ist? Wenn es nicht gereicht hat.

<< Dann wirst d, deine gerechte Strafe bekommen, Philipp. Und nächstes Mal wirst du einfach noch härter sein. >>

<< Ja, Henri. >>

Noch zwei Haltestellen bis ich zu Hause bin.

<< Habe ich nicht die Kontrolle verloren, Henri? Ich darf das doch nicht. Ich glaube, es war richtig, ihnen zu zeigen, was es heißt, hart zu sein. Aber habe ich nicht die Kontrolle verloren? >>

<< Hast du. Aber wenn das der Weg ist, es ihnen zu zeigen? >>

<< Aber Papa! >>

<< Nein Philipp, es war gut. >>

Ich schließe die Augen, dann bin ich nicht da. Ich bin dann da wo niemand ist. Keine Probleme, alles weg. Ich träume, während die anderen hinter mir reden. Sie wissen nichts. Sie wissen nicht, wie schwach sie sind. Hier ist alles schön. Das muss die Welt von Henri sein, möchte am liebsten immer hier sein. Hier muss man nicht sprechen. Es ist egal. Alles ist egal. Hier kann man alles machen und Henri ist noch näher bei mir.

Der Bus hält. Ich öffne die Augen. Es ist vorbei. Ich muss aufstehen, aus dem Bus aussteigen. Bin nun draußen, ich weine ja. Wieso? Was ist los mit mir?

Ich höre die anderen. Sie lachen und schreien:

<< Heulsuse. Wo ist deine Mutter? Ist sie weg? >>

Sie lachen mich aus. Woher wissen sie das? Ich renne los. So schnell ich kann nach Hause. Weg, einfach nur weg von den anderen.

Nun stehe ich auf der Einfahrt. Die Tür steht auf. Wo ist Papa? Was ist passiert?

<< Geh darein, zeig das du kein Angsthase bist. Sei stark. >> höre ich Henri, im Kopf.

Ich fasse allen Mut zusammen. Bin ja nicht alleine. Henri passt auf mich auf. Er weiß, was richtig ist. Gehe rein, niemand ist zu sehen. Keiner da. Ich schaue mich um, nein niemand. Gehe aufs Gäste WC, schaue in den Spiegel. Sehe immer noch mich, ein Gesicht das weint. Es ist die Person, die mich versteht. Ich lache. Es passiert nichts. Sei ernst. Papa sagt immer, Gefühle zeigen ist eine Schwäche. Sei hart. Schaue mir noch einige Minuten mein Gesicht an, bevor ich mich wasche.

Gehe in die Küche. Es liegt ein Zettel auf dem Tisch. Er ist von Mama. Sie will uns um 16 Uhr abholen und sie hat was zu essen gekocht. Mama hat eine Wohnung gefunden.

Das heißt ja von Papa weg. Ist er nicht sauer, wenn ich weg gehe. Ich habe Angst. Was wird er machen? Tut es wieder weh? Nein, ich bin in Sicherheit. Sei stark Philipp.

Mal schauen, was es heute gibt. Schaue in die Mikrowelle. Lecker, mein Lieblingsessen. Püree mit Spiegelei.

<< stöhn.... Was ist ... Sin? >>höre ich.

Wo kommt das her? Bin ich doch nicht alleine? Habe Angst. Woher kommt die Stimme? Gehe ins Wohnzimmer. Setze mich aufs Sofa, schließe die Augen.

<< Hilfe, warum nur? >>

Schreie. Es soll aufhören. Es hört nicht auf.

<< Wie so nur? >>

Das hört sich an wie Papas Stimme. Was mit ihm los? Schleiche Richtung der Stimme. Stehe im Flur. Niemand ist hier. Die Tür steht immer noch auf. Soll ich raus rennen? Aber was wird Papa dann von mir denken? Ich muss dem zeigen, wer

auch immer hier ist, wie hart ich bin. Aber was ist, wenn er
stärker ist als ich? Mir laufen Tränen über die Wangen, mir ist
kalt. Was ist bloß los? Ich muss jetzt was machen. Ich will weg
von hier. In mein Zimmer, in Sicherheit. Gehe hoch.
<< Maria ... Nein >>
Schon wieder diese Stimme. Sie ist lauter. Bin fast oben.
<< Hör auf, geh weg. Lass mich in Ruhe. >> schrei ich und lass
mich auf meinen Knien nieder. Mach mich ganz klein. Weine,
schreie. Ich habe Angst.
<< Philipp komm, bist du da? >> höre ich.
Schaue hoch, aber niemand ist da. Nur diese Stimme. Stehe
auf, gehe langsam an den Wänden entlang in Mamas und
Papas Zimmer. Es ist leer.
Klier.
Schrecke hoch. Es kam aus dem Badezimmer. Gehe zur Tür.
<< Papa >> flüstere ich.
<< Lass mich nicht alleine. >> höre ich aus dem Zimmer.
Es ist eindeutig Papas Stimme.
Er soll aufhören. Was ist bloß los?
Ich versuche, die Tür zu öffnen, es geht nicht. Bekomme sie
nur einen Spalt breit auf. Warum tut Papa das? Ich zittere
immer noch. Ich bin sauer, ich fühle mich stark, drücke mit
meiner ganzen Kraft gegen die Tür.
<< Nein, Maria. ... Warum?>>
Er soll aufhören. Drücke immer fester, meine Schulter tut
weh. Habe Kopfweh. Es geht nicht auf. Ich will darein, ich
muss. Trete einen Schritt zurück und nehme Anlauf.
<< Philipp >>
Es geht nicht, aber es muss. Noch einmal, nehme mehr Anlauf, drei Schritte zurück. Renne los und knalle mit der Schulter vor die Tür. Es knackt. Ich merke, wie ich das Gleichge-
wicht verliere und ich falle in den Raum. Die Tür ist auf, liege
im Bad. Mir tut die Schulter weh, mir tut alles weh.

● ● ●

Ich richte mich auf, sehe Papa in der Wanne liegen, das Wasser ist Rot. BLUT?!

<< Philipp .. Was habe ich bloß falsch gemacht? >> nuschelt er.

Ich schaue ihn an, er ist besoffen.

<< Philipp rede mit mir. >>

Schaue ihn weiter an. Um ihn herum stehen Weinflaschen. Er nimmt eine Flasche und versucht etwas zu trinken, aber die Hälfte landet in der Wanne. Er weint. Warum weint Papa? Er darf nicht weinen. Wieso? Lass es Papa, du bist doch immer so hart.

<< Papa ... Was ist los? >> stottere ich.

Er schaut mich an. Ich lasse mich auf den Boden gleiten, mache mich klein, ziehe meine Knie an. Er soll aufhören. Was habe ich falsch gemacht?

<< Papa?? >>

<< Hör auf ... Weinen >> nuschelt er

<< Hör auf, hör auf. Ich will das nicht! >> schreie ich.

<< Was habe ich falsch gemacht? >>

Warum tut er das? Ich will das nicht.

<< Papa, Papa, Papa >> flüstere ich.

Mir wird schlecht. Mein Magen tut weh.

<< Was ist der Sinn? >>

Ich schreie: << Papa hör auf! >>

<< Halts Maul!>> brüllt er und ich merke einen stechenden Schmerz an meinem Bein. Vor mir liegen Glasscherben. Schaue auf mein Bein, es blutet.

<< Es ist alles deine Schuld. Deine ... Du machst immer alles falsch. Geh weg von mir, Philipp. >>

Mein Bein. Ich möchte nicht mehr. Ich will hier weg. Krieche langsam zur Tür. Papa trinkt wieder was. Warum tut er das? Schließe die Tür wieder. Ich muss Kotzen. Versuche aufzustehen. Mein Bein, es brennt. Hinke langsam zur Treppe runter zum WC. Lasse mich vor der Toilettenschüssel nieder und kotze. Mir wird schwarz vor Augen. Fühle mich leicht, entlastet. Lehne mich an die Wand und schließe die Augen. Schlafe.

Ist es vorbei?

• • •

Öffne die Augen wieder. Mein Bein tut nicht mehr so stark weh. Stehe auf, ziehe ab und wasche mir durchs Gesicht. Ich weine immer noch. Ich fühle mich komisch. Leere, Panik und Schwindel. Weiß nicht, irgendwie fühlt sich alles an wie ein Traum. Bin ich überhaupt ich? Ich darf nicht daran denken. Ich darf nicht. Gleich kommen meine Brüder, sie dürfen es nicht sehen, wasche mein Bein.

Gehe raus in die Küche, räume meine Sachen weg und mache meine Hausaufgaben.

Es klingelt. Meine Brüder sind da. Öffne ihnen die Tür.

<< Hallo Philipp >> begrüßen sie mich. Sie lachen, anscheinend hatten sie einen guten Schultag heute.

<< Hallo. Essen ist in der Mikrowelle. Mama ist nicht da. Ihr dürft nicht nach oben. Papa geht es nicht gut. >> flüstere ich.

Sie nicken, kommen rein, ziehen sich ihre Schuhe aus und gehen in die Küche. Ich gehe ins Wohnzimmer und schaue TV. Es kommt nichts im Fernsehen. Habe immer noch die Bilder im Kopf. Mache mich wieder klein. Nehme ein Kissen, drücke es auf meinen Bauch. Fühle mich so etwas sicherer. Schalte den Fernseher wieder aus.

Warum tut er das? Er darf das nicht. Er darf nicht weinen. Er ist doch immer so hart gewesen. Oder nicht? Was habe ich falsch gemacht? Warum bin ich Schuld? Warum sagt er das? Ich bin verwirrt, ich weiß gar nichts mehr.

<< Mama ist da. Sie weint >> höre ich mein Brüder.

Mama ist da?

<< Philipp? >>

Richte mich auf. Schaue sie kurz an, sie hat Angst. Ihre Augen...

Ich schaue auf den Boden. Was wird Mama denken? Ich muss zu ihr. Ich muss ihr sagen was passiert ist. Schleiche in den Flur. Mama steht an der Treppe. Schaue sie an. Sie weint. Drei Männer in orangenen Sachen gehen nach oben.

Meine Brüder stehen neben mir. Mama schaut uns an.

● ● ●

<< Gott sei Dank. Euch geht es gut >> flüstert Mama.
Gehe langsam auf sie zu.
<< Mama, ist er tot? >> frage ich.
Sie schaut mich komisch an. Bleibe stehen. Habe ich etwas
Falsches gesagt? Ich mache immer alles falsch.
Sie schüttelt nur den Kopf.
<< Warum habt ihr mich nicht angerufen? >>
<< Ich hatte Angst. Es tut mir leid. >>
Sie kommt auf mich zu und umarmt mich. Sie zittert.
<< Ganz ruhig ... es ist vorbei. Nun wird alles gut. >>
<< Sei ganz ruhig. Gleich kommt Opa und holt euch ab. Ich
fahre Papa hinterher, ins Krankenhaus. Nun ist alles vorbei.
Ab jetzt wird alles besser. >> tröstet Mama mich.
Weg von Papa? Warum?
<< Was mit Papa? >>
Mama lässt mich los, geht einen Schritt zurück und schaut
mich an. Ihr laufen Tränen an der Wange herunter.
<< Er wird erst mal im Krankenhaus bleiben. Du wirst es bald
verstehen. Es ist erst mal das Beste für ihn. >>
Ich schaue sie an und nicke. Aber was werde ich verstehen?
Opa holt uns ab. Was sagt Papa dazu?
<< Philipp was mit deinem Bein? >> fragt Mama.
Schaue an mir herunter und wieder in ihre Augen.
<< Papa ?>>
<< Papa tut dir nichts mehr, es ist nun vorbei. >> sagt sie zu
mir und etwas lauter, damit meine Brüder es auch hören:
<< Zieht euch was an. Opa kommt gleich. >>
Die orangefarbenen Männer kommen wieder runter. Papa
liegt auf einer Trage und weint. Sie schleppen ihn raus. Mama
geht ihnen hinterher.
Ich gehe hoch in mein Zimmer, setze mich vor meinen Spiegel. Ich versuche zu lachen. Es geht nicht, sieht komisch aus.
Ich lache und mir laufen Tränen an den Wangen runter. Ich

weine immer noch. Es tut mir alles weh. Warum hilft mir keiner? Niemand hat mich lieb. Mir wird schwindelig.

Gute Nacht

Wo bin ich? Unter mir ist es weich. Habe ich geschlafen? Ich öffne die Augen und kneife sie sofort wieder zu. Es ist hell. Ich versuche es noch einmal. Über mir brennt eine Lampe. Schaue zur Seite. Ich liege auf einem Bett. Langsam gewöhne ich mich ans Licht. Schaue mich genauer um. Ich bin bei Oma und Opa. Versuche mich aufzurichten, es geht nicht, habe keine Kraft. Was ist passiert und wie kam ich hierher? Auf dem Nachtkonsölchen steht eine Tasse. Lasse meine Beine auf den Boden gleiten. Ziehe mich an der Bettkante etwas hoch, drücke meine Beine auf den Boden. Ruhe mich etwas aus. Ich bin müde und habe Durst. Mein Mund ist trocken. Nehme die Tasse und versuche et was zu trinken. Es ist Tee. Schmeckt gut, ist aber schon kalt. Trinke langsam und vorsichtig. Trotzdem fällt vieles auf den Boden. Fühle mich etwas besser. Lege die Tasse auf den Boden, lege mich wieder hin und schließe die Augen.

Psychiatrie: Das Medikament

Alter: ca. 12 ½

Was so alles noch passierte:

Ich bin von der Realschule auf die Hauptschule gewechselt,
leider mit einem aus der Realschule, den ich mal verkloppt
habe. Wir sind in eine Wohnung gezogen, die in der Nähe von
Oma und Opa liegt. Über uns wohnt eine Frau mit ihrem
Sohn. Er ist ein Jahr älter als ich. Wir verstehen uns sehr gut.
Mit 12 Jahren bin ich dem Schießsportverein im Dorf beige-
treten. Dort habe ich viele neue Leute kennengelernt. Aber in
der Schule wurde nichts besser. Bin immer wieder in der Pause ausgerastet. Die Lehrer hörten mir nicht zu. Ich wollte ihnen sagen, dass ich immer gemobbt werde. Sie meinten immer, ich wäre der Unruhestifter. Ich wäre nur Gift für die
Schule. Sie schickten mich zu einem Psychiater. Dort habe ich
einen IQ-Test gemacht. Das Ergebnis war, das mein IQ ungefähr bei 135 liegt. Beim dritten Termin beim Arzt habe ich
eine Überweisung in die Psychiatrie bekommen.

Aufstehen, waschen, Frühstück

Liege im Bett, konnte die ganze Nacht nicht schlafen. Seit
dem ich hier bin. Wann ist endlich morgen? Heute bin ich
schon 3 Monate hier. Hat sich was geändert? Nein, eigentlich
nicht. Ok ich rede mit anderen und?
Die Lichter gehen an, endlich aufstehen. Der ganze Stress von
vorn. Ich richte mich auf, schaue mich um. Wir sind zu dritt
auf einem Zimmer. Ein Tisch, drei Schränke, ein Stuhl, drei
Betten. Ich schlafe ganz rechts bei der Tür. Die anderen schlafen links von mir. Die Tür geht auf und eine Schwester kommt
rein. Sie schreit: << Aufstehen, waschen, frühstücken! >>
Schmeiße die Decke weg. Brr ist es kalt. Ziehe mir meine
Hausschuhe an, nehme meinen Kulturbeutel und gehe ins
Gemeinschaftsbad. Drei Duschen, zwei Waschbecken, eine
Badewanne und ein Pfleger vor der offenen Badezimmertür.
Er schreibt auf, was wir machen. Am Tag müssen wir uns
einmal duschen, einmal waschen und Füße waschen, dreimal
Zähneputzen. Ich dusche heute Abend.
<< Guten Morgen, Herr Qu. >> sage ich zum Pfleger, der vor
dem Bad steht.
<< Guten Morgen, Philipp. >> begrüßt er mich.
Stehe im Bad, ziehe mich so weit aus, dass ich nur noch die
Unterhose an habe.
<< Wasche mir jetzt die Füße >> rufe ich raus.
<< Duschen heute Abend >> antwortet der Pfleger, ich nicke.
Das müssen wir immer so machen, das ist voll nervig. Wasche
mir erst das rechte Bein, dann das linke.
<< Putze mir jetzt die Zähne >> rufe ich.
Jeden Morgen das gleiche. Ätz.
<< Beeilt euch, in fünf Minuten gibt es Frühstück. >>

Pütze mir schnell die Zähne, wasche mir meinen Oberkörper. Renne ins Zimmer, ziehe mich um. Heute habe ich wieder ein Gespräch mit der Ärztin und meiner Mutter. Also frische Sachen anziehen. Dreckige Wäsche muss ich heute in der Mittagspause zusammenpacken, damit Mama sie mitnehmen kann. Ziehe dunkle Sachen an, wie immer. Gehe ins Esszimmer. Rechts sitzen die Betreuer, links oben sitzen wir. Aufgeteilt auf vier Tischen, à vier Kinder. Links unten sind zwei Sofas, „Aufenthaltsraum". Dort ist auch eine Tür ins Spielzimmer. Im Spielzimmer stehen eine Kletterburg, eine Truhe mit Kissen und eine weitere Truhe mit Legosteinen. Hinter den Betreuern ist das Wohnzimmer.

Gehe zum Essenwagen. Es gibt heute Brötchen und Müsli. Nehme mir einen großen Teller Müsli mit Schokolade und drei Brötchen und setze mich auf meinen Platz.

<< Guten Morgen Philipp. Gut geschlafen? >> begrüßen mich die anderen an meinem Tisch.

<< Ja, es geht. Guten Morgen. Was haben wir heute? >> frage ich sie.

<< Heute ist Mittwoch, hmm erst mal Schule. Um 14 Uhr Mototherapie. >>

<< Nee, klar. Ich meinte eher ob heute ein Spaziergang ist. >>

<< Weiß nicht, es wurde noch nichts gesagt. Gehst du heute Nachmittag raus? >> fragt der gegenüber.

<< Nein, meine Mama kommt, Gespräch. >>

<< Hast schon wieder ein Gespräch? Warum musst du eigentlich jeden Tag zur Ärztin und was machst du da? >> fragt der links von mir sitzende Junge.

<< Ach so, aber vielleicht hast Du noch Zeit. >> sagt der gegenüber.

<< Weiß nicht. Eigentlich hasse ich das. Muss immer so komische „Stressdiagramme" ausfüllen. >>

<< Aja. Habe gehört, du sollst entlassen werden, stimmt das? >>

<< Wo hast du das denn gehört? Und jetzt lass mich in Ruhe. Muss jetzt gleich los. >>

Los? Ich. Wo soll ich denn alleine hin? Wir gehen immer zusammen los, die sollen einfach nur die Klappe halten. Ich und entlassen werden? Das geht doch nicht. Ich habe die Gespräche, weil die Ärztin mir helfen will perfekt, hart und eisern zu werden.

Stopfe mir die restlichen Brötchen, dick mit Nutella bestrichen, rein. Sind nur noch zehn Minuten, dann muss ich fertig sein.

Habe mich daran gewöhnt zu stopfen. Eigentlich muss ich mir die Brötchen immer rein zwängen. Drehe mich um und lese mir den Therapieplan, der dort an einer Tafel hängt durch.

Habe heute Morgen Logotherapie, Ergotherapie. Dann zwei Stunden Schule. Heute Nachmittag ein Gespräch mit der Ärztin, danach ein Familiengespräch. Danach habe ich frei. Vielleicht, wenn noch genug Zeit ist, gehe ich mit Mama noch spazieren. Stehe auf, stelle meine Sachen auf den Essenwagen und gehe auf mein Zimmer

<< Philipp, wo gehst du hin? >> höre ich Herrn Qu.

Drehe mich um.

<< Du musst noch einnehmen, deine Eisentablette .>>

<< Ja, Herr Qu, gleich. Muss los, ziehe mich nur an >> maule ich. Drehe mich wieder um und renne ins Zimmer. Ziehe mich an und gehe zur Therapie.

Die Therapie

<< Entschuldigung , dass ich zu spät komme >> entschuldige ich mich bei der Therapeutin.

<< Guten Morgen Philipp. Schau nach oben. >> begrüßt sie mich.

Immer muss ich Sie anschauen. Das nervt. Sie will doch nur sehen, wie ich leide. Alle wollen sie das.

<< Wie geht es ihnen? >> fragt sie.

<< Etwas aufgeregt wegen des Gesprächs mit meiner Mutter und der Ärztin. >> antworte ich.

<< OK. Und was meinst du, wird es ein gutes Gespräch? >>

<< Weiß nicht, hoffe schon. >>

<< Ok. Wir werden heute wieder das Treppensteigen üben. Denk daran, dass du nach oben schaust. Letztes Mal war es schon gut. >>

<< Fanden Sie? >>

<< Ja, Philipp. Ok, dann lass uns jetzt gehen. >>

Gehe in den Flur. Ungefähr 23 Büros sind hier. Alle von irgendwelchen Therapeuten. Ich kenne sie nicht. Die meisten sind für die Station unten zuständig.

Schon wieder Treppen steigen. Wie ich das hasse. Soll dabei nach oben schauen. Dann sehe ich aber nicht die Stufen, bin schon oft gestürzt. Wir sind an der Treppe mit den 22 Stufen angekommen. Die Therapeutin geht nach unten und dreht sich dann zu mir um.

<< So Philipp. Denk daran, Kopf geradeaus, Rücken gerade, als wäre ein Bändchen an deinen Kopf gebunden, dass dich nach oben zieht. Und jetzt los. >>

Schaue sie an, eher an ihr vorbei. Kann anderen Menschen nicht in die Augen schauen. Sehe dann doch, wie sie mich hassen und anlügen. Sie geben es nie zu, aber ich sehe es doch. Hebe das Bein und stelle es auf die nächste untere Stufe. Schaue aber dabei wieder runter. Schon wieder, alles mache ich falsch. Schaue sie an.

<< Entschuldigung. Ich kann das nicht, bin zu schwach. >> flüstere ich.

<< Philipp, du bist nicht zu schwach. Komm, versuch es noch mal. Du hast das letztes Mal so super gemacht. Komm, du schaffst das, nur Mut. >>

Wie konnte die das hören?

Ok noch einmal. Schaue wieder an ihr vorbei. Richte meinen Rücken, hebe wieder das Bein und stelle es eine Stufe unter mir ab.

<< Super Philipp, jetzt mit dem anderen Bein. So, es geht doch. Bist doch gar nicht so schwach, wie du immer meinst. >>

Lache sie an. Nun das andere Bein. Hebe es wieder an. Mir wird schwindelig. Wo ist die Stufe? Merke wie ich falle. Meine Seite tut weh.

<< Philipp, alles in Ordnung? Hast du dich verletzt? >> fragt sie.

<< Ja, es geht schon wieder. Meine Seite tut weh, aber sonst geht's .>>

<< Das ist gut. Kannst du aufstehen? >>

Halte mich an dem Geländer fest und ziehe mich hoch. Es tut nur leicht weh.

Schaue sie wieder an und sage: << Sehen sie, ich schaffe das nicht. Ich bin zu schwach. Sie hatten unrecht. >>

<< Nein. Du schaffst das schon. Ich weiß, dass du es Schaffst. >>

<< Nichts wissen sie. Ich kann nichts. >> schreie ich und renne an ihr vorbei nach unten.

Mein Kopf tut wieder weh. Ich zittere. Ich will hier weg. Nicht mehr hier sein. Ich schaffe das doch nie. Ich schaffe nie was.

<< Philipp, Philipp geht es dir gut? Und was sollte das

gerade? >>

Schaue sie nur an, direkt in ihre Augen. Sie hat kleine, blaue Augen. Sie schaut mich an. Ich sehe es wieder, sie lacht innerlich über mich, sieht wieder den Versager. Genau das, was alle sehen wollen. Mir wird schwindelig, lasse mich auf den Boden fallen. Ich merke nichts mehr. Alles wird dunkel. Wie ein Nebel, der immer dichter wird. Ich bin wieder bei Henri. Er holt mich, er beschützt mich.

<< Philipp ....>>

Entlassung?

Ich will noch nicht zurück, es war so schön. Öffne die Augen.
Wo bin ich? Die Decke ist gelb. So weit wie ich es sehen kann.
Unter mir ist es weich. Also liege ich nicht mehr auf den Boden. Wo bin ich?

<< Wo bin ich? >> flüstere ich.

<< Gott sei Dank. Du bist wieder wach. >> höre ich eine Stimmer neben mir.

Drehe meinen Kopf zur Stimme, die Ärztin steht neben mi r.
Schaue mich genauer um. Ich bin in ihrem Büro und liege auf
dem Sofa, richte mich auf.

<< Was ist passiert? >> fragt sie mich.

<< Weiß nicht. Hatte wieder Kopfweh bekommen und mir
wurde schwindelig. >>

<< Hhmm. Komm gleich nach dem Essen wieder runter. Ich
muss dir et was Wichtiges sagen. >>

<< Wie viel Uhr ist es denn? >> frage ich.

<< Zeit zum Essen. Geh jetzt, sonst bekommst du nichts
mehr. >>

Stehe auf und gehe nach oben zum essen. Zwei Treppen je
zwölf Stufen, dann zehn Schritte zur ersten Tür und weitere
23 Schritte zur zweiten Tür. Öffne die Tür und gehe hinein.
Alle sitzen sie schon, schaue mich um. Auf meinem Platzt hat
schon jemand für mich etwas aufgefüllt. Es gibt Spinat mit Ei
und Püree und zum Nachtisch Schokopudding. Setzte mich
auf meinen Platz.

<< Guten Appetit! Entschuldigung, dass ich zu spät komme.
>>

<< Guten Appetit! Brauchst dich nicht zu entschuldigen. Wir
wissen, was passiert ist. Sei froh, dass du nicht in der Schule

warst. So eine bekloppte hat sich wieder den Arm aufgeritzt im Unterricht. >> sagt einer der vier am Tisch.

<< Aja. >> sage ich.

Wie kann man nur so krank sein? Wenn ich das machen würde, dann aber so, dass es niemand mitbekommt. Naja, weiß nicht. Wenn es hilft?

<< So alle ins Zimmer, Mittagsruhe. Philipp bist du fertig? >> fragt mich Herr Qu.

<< Ja, gehe jetzt runter zur Ärztin. >> antworte ich.

<< Dann bis gleich. >>

Wieder zurück. Gehe langsam, damit die Ärztin nicht merkt, dass ich nichts gegessen habe. Hatte keinen Hunger. Warum soll ich denn essen, wenn ich keinen Hunger habe? Bin doch sowieso zu dick, sagen alle Betreuer immer zu mir.

Bin da, stehe vor ihrer Tür. Klopfe.

<< Herein >> höre ich, von drinnen.

Öffne die Tür und gehe rein. Die Ärztin sitzt auf einem Stuhl hinter ihrem Tisch.

<< Setzt dich. Hast du was gegessen? >> fragt sie.

<< Ja, habe ich. Es gab Spinat mit Ei und Püree >> antworte ich.

<< Und hat es geschmeckt? >>

<< Es ging, wie immer halt. >>

<< Hmm. >> Kurze Pause.

<< Philipp, wie soll ich sagen. Die Betreuer machen sich Sorgen um dich. >>

Die spinnen wohl. Sorgen? Um mich? Wieso das denn, mit mir ist doch alles in Ordnung, oder nicht?

<< Wann ist das Gespräch? >> frage ich.

<< Du sollst nicht immer ablenken. Deine Mutter habe ich eben angerufen. Das Gespräch findet nächste Woche, einen Tag vor deiner Entlassung statt. >> antwortet sie.

Entlassen? Ich bin doch nicht so weit, was soll das? Ich möchte nicht. Mein Kopf tut weh, mir wird kalt und warm. Warum tut sie mir das an. Und Mama? Warum hat sie mich nicht besucht, hat sie mich nicht mehr lieb? Findet sie mich schwach?

Ich habe das Gefühl zu fallen, kleiner zu werden. Es wird wieder schwarz. Es soll nicht wieder passieren. Ich fühle die Kraft.

<< Warum tun sie mir das an? >> schreie ich.

<< Was habe ich falsch gemacht? Sie hassen mich doch, sonst würden sie das nicht machen? >>

<< Ganz ruhig Philipp. Ich kann verstehen dass das verwirrt. Aber da gibt es noch etwas, du wirst ab heute Abend Pipamperon bekommen. Damit du ruhiger wirst. >> spricht sie ruhig zu mir.

<< ICH BIN DOCH DER RUHIGSTE >> schreie ich und haue mit ganzer Kraft auf den Tisch. Ich merke keinen Schmerz. Es tut gut, irgendwie. Sehr gut. Haue noch mal und noch mal auf den Tisch. Ich fühle mich gut. Sehr gut. Alles ist weg. Ich fühle mich geborgen. Ich lache innerlich. Ich weine. So gut. Ich fühle meinen Kopf nicht mehr. Es tut nicht mehr weh. Ich bin nicht mehr da.

<< Philipp hör auf. Was tust du da? >> schimpft die Ärztin.

Ich höre auf und schreie: << Ich will keine Medikamente .>>

<< Sie werden dir gut tun und deine Mutter ist auch dafür. Ich habe ihr letzte Woche ein Schreiben mitgegeben, was ich heute unterschrieben wieder bekommen habe. >>

Was soll das? Warum ist meine Mutter dafür? Ich bin doch der ruhigste. Ich habe Angst. Mein Kopf tut wieder weh. Stehe auf und gehe Richtung Tür.

<< Wo willst du hin? >> fragt die Ärztin.

<< Ich gehe hoch in mein Zimmer. >> antworte ich automatisch. Wie eine Maschine.

<< Philipp eins noch. >> Drehe mich zu ihr um. << Du wirst zu deinem Vater ziehen und die Sonderschule dort besuchen. >>

Schaue sie an. Fühle mich schwach. Ich muss hier weg. Schnell. Stürme aus dem Zimmer. Hoch auf die Gruppe. Ich

• • •

hasse sie, wieso lassen die das zu? Ich hasse die Ärztin. Ich
hasse mich. Ich bin doch schuld daran. Warum bin ich ausgerastet? Bin doch schuld, dass ich Medikamente bekomme. Ich
hätte nicht ausrasten dürfen. Mein Kopf tut wieder weh, ich
zittere. Ich fühle nichts mehr. Ich bin schuld. Ich bin an allem
Schuld.
<< Was ist los Philipp? >> höre ich einer der Betreuern sagen.
<< Lasst mich in Ruhe. Ihr hasst mich doch alle. Lasst mich
alleine >> schreie ich und renne weiter. Den Flur runter und
die die dritte Tür rechts und lasse mich auf mein Bett fallen.
Warum? Wieso? Alle hassen sie mich. Niemand versteht
mich, Henri ist nicht da. Niemand ist da.
<< Mama, MAMA >> schreie ich.
Es dreht sich alles. Alle lassen sie mich alleine. Wieso helfen
sie mir nicht? Sie wollen, dass ich sterbe.
Ich schlage wieder mit der Faust vor die Wand. Der Schmerz
tut so gut. Mein Kopf ist dann nicht mehr da. Dann ist alles
weg. Einmal, noch einmal und noch einmal. Mit meiner ganzen Kraft. Es ist mir egal, was die andern denken. Mir ist alles
egal. Es tut nicht mehr weh. Schlage trotzdem weiter. Bis ich
keine Kraft mehr habe.
Es ist jetzt nur noch ein streicheln. Ich weiß nicht, wie oft ich
geschlagen habe. Es ist mir auch egal. Fühle mich besser.
Schaue mir meine Hand an. Sie ist rot, knallrot. Wenn ich sie
bewege, fühle ich es wieder. Mache mich klein. Mir laufen
Tränen die Wangen herunter. Es fängst wieder an. Wieso?
War es nicht fest genug? Mache ich alles falsch?
Schaue mir den Arm genauer an. Es muss mehr sein, viel
mehr. Beiße mich. Mit meiner ganzen Kraft beiße ich in meinen Arm. Es tut so gut. Ich schmecke Blut. Höre auf und
schaue zu, wie das Blut aus meinem Arm läuft. Mir wird
schwindelig. Streiche das Blut über meinen ganzen Arm. Beiße noch einmal. Bis ich nicht mehr kann. Bis ich keine Kraft

mehr habe. Lasse mich fallen. Ziehe die Decke über mich. Keine Angst, kein Ekel nur Freiheit.

Kuchen

<< Aufstehen, aufstehen, Schlafmütze ... es gibt Kuchen ... aufstehen. >>

Öffne die Augen und schaue mich um. Warum habe ich geschlafen? Mein Zimmerkamerad steht neben meinem Bett. Setze mich hin.

<< Aua, mein Arm >> rufe ich.

<< Was ist mit deinem Arm? >> fragt er.

Was ist los mit meinem Arm, schaue unter die Decke, auf meinen Arm, alles voller Blut. Was habe ich gemacht? Keiner darf es sehen. Sonst bekomme ich Ärger. Ich hasse mich. Jetzt bin ich einer der Bekloppten. Ich möchte kein „EAP" (= Entzug aller Pluspunkte).Dann muss ich 24 Stunden im Zimmer sitzen und mein Ausgang ist weg und muss wieder von vorne anfangen, Pluspunkte sammeln. Nein, das darf nicht passieren. Ich habe Angst.

<< Nichts, habe ihn mir verdreht. >> antworte ich.

<< Schon gut. Komm jetzt, es gibt Kuchen. Ich gehe schon mal vor. Bis gleich. >>

Er geht raus. Ich bin wieder alleine. Jetzt sieht es keiner. Stehe auf. Schaue an mir runter. Ich habe ein T-Shirt, eine Jeans und Socken an. Gehe zum Schrank und ziehe mir einen Pullover an. Sonst sieht es noch jemand. Es darf nicht passieren. Gehe in den Speisesaal. Alle sind sie schon da. Was ist wenn sie es sehen?

<< Da bist du ja, Philipp. Setz dich. Es gibt Früchtekuchen. >> sagt einer der Betreuer.

Alle schauen sie auf mich, sie sehen es. Ich spanne den Pullover über meine Hand. Gehe langsam zu meinem Platz. Setze mich hin, nehme mir zwei Stücke.

<< Wie geht es denn? >> fragt mich einer.

<< Weiß nicht >> antworte ich.

<< Wirst du nächste Woche entlassen? Ist das wahr? >>

<< Philipp du wirst entlassen? Das ist schön. >> ruft ein anderer.

Ich fühle mich klein. Ich will weg, aber dann bin ich wieder schwach. Ich muss es aushalten. Lasst mich in Ruhe, haut ab, ich will alleine sein. Ihr sollt weggehen. Hilfe, warum hilft mir keiner?

Stopfe mir drei weitere Kuchen rein, damit ich nicht reden muss. Irgendwann lassen Sie mich in Ruhe, dann bin ich wieder alleine. Nehme mir noch mal drei Stücke.

<< Dir geht es ja wieder besser? >> sagt einer der Betreuer zu mir.

<< Weiß nicht, wieso? >> antworte ich.

<< Ich sehe, dass du wieder isst. >>

<< Habe doch nur Hunger. >>

<< Du bekommst gleich deine Medikamente, danach reden wir noch mal miteinander. >>

Nein, daran habe ich gar nicht mehr gedacht. Mir wird schlecht. Mein Magen. Schaue zu der Tür, aus der der Pfleger mit den Medikamenten immer rauskommt.

Die Tür öffnet sich, er kommt. Ich muss würgen, lasse den Rest des Kuchens liegen und schaue ihn einfach nur an. Er lacht, hat er Spaß daran? Er kommt an unseren Tisch. Er bleibt stehen und gibt meinem Nachbarn eine Tablette. Ich fange an zu zittern. Kann ich jetzt noch wegrennen? Geh weg, hau ab.

<< Ach Philipp du bekommst heute ja auch Pipamperon. Hier das musst du mit einmal trinken >> sagt er und hält mir einen Plastikbecher hin.

Stehe auf, renne an ihm vorbei und schreie:

<< Lasst mich in Ruhe, haut ab. >>

Sie hassen mich. Stürme in mein Zimmer, dabei stolpere ich und falle auf den Boden. Stehe auf. Mein Arm, er brennt. Es läuft Blut über meine Hand. Nein, nicht jetzt. Lasse mich in mein Bett fallen. Drücke mein Kissen auf den Arm. Ich weine, die Tür geht auf. Der Pfleger mit den Medikamenten steht in der Tür, mit einem Tablett in der Hand.

<< Was ist los? Was ist passiert? >> fragt er mich.

Schaue ihn an. Dabei versuche ich, meinen Arm unter dem Kissen zu verstecken. Schüttle nur den Kopf. Er kommt auf mich zu. Nimmt was vom Tablett runter, stellt mir eine Tasse mit Tee auf mein Nachtkonsölchen.

<< Trink das und versuche zu schlafen. Wenn du so weiter machst, kommst du in den Time-Out-Raum. Verstanden? >>

Ich nicke. Mir wird so langsam schwindelig. Schließe die Augen. Es ist vorbei. Ich schlafe ein.

Heim: Der Junge

Alter: ca. 15 ½

Was alles noch passierte:

Also nach einiger Zeit ist es doch rausgekommen, dass ich
mich selbst verletze. Dadurch musste ich weitere 2 Monate
bleiben. Ich bin nicht zu meinem Vater gekommen, aber ich
hatte Familientherapie mit ihm. Er hat sich bei mir entschuldigt. Ich weiß nicht. Irgendwie wollte ich das, aber es hat
nicht das gebracht, was ich mir erhofft habe.
Nach den 2 Monaten bin ich in ein Heilpädagogisches Heim
gekommen. Zuerst bin ich in eine Intensive Gruppe gekommen. Danach bin ich in eine „ Jungen vor Verselbständigungs-
gruppe" gekommen und ca. 16 Monate später auf die Panda
Gruppe. Dort hat man gelernt, für sich selber zu sorgen. Wäsche selber waschen, einmal kochen für alle in der Woche.
Selber aufstehen. Also alles, was man für ein eigenständiges
Leben braucht.

Morgens

Mein Wecker klingelt. Es ist 6.30 Uhr. Zeit zum Aufstehen.
Schon wieder. Ich hasse das, aber muss sein. Öffne die Augen,
stelle den Wecker aus, aber bleibe noch etwas liegen. Habe
ja noch Zeit. Heute ist Mittwoch, dann habe ich heute also 6
Stunden Schule. Besuche zurzeit eine Sonderschule für erzie-
hungsschwierige Kinder. Und erst vor 7 Monaten bin ich dort
auf die Schule gekommen, davor war ich in einer Kleins-
klasse. Hatte am Anfang Angst, dass ich es nicht schaffe. Die
sind doch alle viel weiter im Stoff als ich, aber das war eher
anders herum. Ich war viel weiter als sie. In Mathe bin ich das
eigentlich immer noch.
Schaue noch mal auf die Uhr. In 15 Minuten fährt der Bus.
Stehe auf und gehe ins Badezimmer. Es ist still. Keiner ist
wach. Noch nicht mal der andere Junge, der mit mir in die
gleiche Klasse geht wie ich. Der verschläft eigentlich immer.
Aber egal.
Wasche mich, putze mir die Zähne und schaue in den Spiegel.
Das bin ich. Ein dicker Junge. Ich will nicht dick sein. Ich muss
abnehmen. Sagen doch die Betreuer hier. Sie haben auch
recht. Das merke ich daran, dass ich besser in Sport werde
und beweglicher. Frühstücken darf ich heute nicht, habe gestern zum Abend einen Schokoladenriegel gegessen.
<< Du schaffst das. Du musst es schaffen. Zeig allen, dass du
es wert bist. Das du stark, eisern und hart bist. >> sage ich zu
meinem Spiegelbild.
Wiederhole es immer wieder und wieder. Dabei werde ich
immer wütender. Wende mich vom Spiegel weg und ziehe
mich an. Gehe wieder in mein Zimmer. Mache mein Bett,
ziehe die Vorhänge auf, packe meine Schultasche und renne
runter in den Keller. Im Keller stehen unsere Straßenschuhe.

Wir dürfen unsere dreckigen Schuhe nicht mit ins Zimmer nehmen. Ist auch besser so.

Ziehe mir meine Halbschuhe an und gehe zum Bus. Er ist schon da. Bin wohl der letzte mal wieder, egal.

<< Guten Morgen! Christian* schläft noch >> sage ich zum Fahrer als ich in den Bus steige.

Setze mich in die Mitte, neben Sven*. Er kommt auch hier aus dem Heim, aber aus einer Kindergruppe. Wir beide unterhalten uns immer über PC-Spiele, Hardware oder sonstiges, was mit dem PC zu tun hat. Dafür sind wir in der Schule bekannt. Was nicht gerade gut ist für den Ruf. Am Anfang hieß es immer wir beide wären schwul oder so. Aber seit dem ich in die andere Klasse gekommen bin hat sich das geändert. OK, es gibt noch ein paar aus der 5. oder 6. Klasse, aber das stört mich nicht.

<< Hi, Philipp! Wo ist Christian? >> fragt mich Sven*.

<< Der schläft mal wieder. Wie immer. >> antworte ich.

<< Das war klar. Bei uns ist nur Stress. Es ist schon wieder einer abgehauen. >>

<< Habe ich schon gehört, aber ist nicht einer wieder gekommen? >>

<<Ja, aber es fehlen immer noch 2. >>

<< Die spinnen. Naja was haste heute noch so vor? >>

<< Habe keine Zeit. Hab viel Therapie. >>

<< Und heute Abend? Komm Fußball spielen. >>

<< OK >>

Der Bus fährt los und Christian ist wie erwartet nicht erschienen. Die Betreuer wird es freuen und seinem Geldbeutel auch. Er muss die Fahrt mit dem Zug zur Schule selber bezahlen. Da er Raucher ist und in der Woche 2 – 3mal verpennt wird das teuer.

Nach gut 45 Minuten Busfahrt sind wir an der Schule. Jetzt heißt es 10 Minuten warten bis der Unterricht beginnt. Setze

• • •

mich mit Sven* in die Pausenhalle. Die Pausenhalle ist fast leer. Das liegt daran, dass mehr als die Hälfte Raucher sind und hier in der Pausenhalle darf nicht geraucht werden. Ich bin nicht Nichtraucher.

Unterhalte mich mit Sven über das Spiel „Neverwinte Nights". Das ist sein Lieblingsspiel. Habe mir das vor kurzen auch gekauft. Ich finde es so naja. Bin nicht so der PC Spieler. Interessiere mich mehr für die Hardware.

Es klingelt. Die Raucher stürmen die Pausenhalle. Ich bleibe sitzen. Die Türen sind doch sowieso noch nicht aufgeschlossen. Das dauert noch etwas. Der Hausmeister muss erst den Kiosk schließen und dann schließt er auf. Und der Unterricht beginnt erst mit dem zweiten Klingeln. Also in 10 Minuten.

Mathe

<< Guten Morgen. Habe eine gute und schlechte Nachricht für euch >> begrüßt uns der Lehrer.
<< Guten Morgen >> begrüßen wir den Lehrer
<< Also die schlechte ist Sport fällt heute aus und die gute Nachricht ist, das Deutsch und Englisch am Freitag ausfallen und wir dafür Sport nachholen.>>
Schade. Habe mich so gefreut auf Sport. Wir machen gerne Sport. Aber am Freitag kein Deutsch und Englisch. Das ist mal super. Aber wie komme ich gleich zurück ins Heim? Zeige auf.
<< Was ist Philipp? >> fragt mich der Lehrer.
<< Wie komme ich nach der 4. Stunde zurück? Habe kein Geld mit .>>
<< Ich kann dir was leihen >> ruft einer aus der Klasse.
<< Danke. Und könnten Sie mir eine Bescheinigung schreiben, dass ich schon früher gehen durfte? >>
<< Immer diese Heimkinder. Ja, bekommst du gleich nach der Pause. >>
<< Ja, wir sind halt schwierig >> sage ich.
Alle müssen sie lachen. Ich lache auch. Der Lehrer ist nett, aber manchmal nervt er auch. In der ersten Stunde haben wir immer erst bei ihm. Das ist nervig. Dann ist er immer so extrem gut drauf. Da bekommt man Angst.
<< Legt eure Hausaufgaben auf den Tisch und rechnet auf einem Zettel im Buch weiter >> weißt uns der Lehrer an.
Ok, dann schlaf ich jetzt. Naja nicht wirklich schlafen. Eher rum dösen, Langeweile. Ich habe das Buch schon halb durchgerechnet. Mir war mal langweilig. Warum kann ich nicht erst zur 2. Stunde kommen. Wäre doch besser. Aber nein, ich muss anwesend sein. Nach der Pause haben wir Deutsch und Englisch. Henri ist ja da bei mir. Mit ihm ist die Mathe Stunde

• • •

sehr interessant. Der links vorne kaut immer an seinen Fingern, der rechts von mir befeuchtet alle drei Minuten seine Lippen. Und unser Spezi verstellt alle 2 Minuten seinen Tisch, zuckt immer rum und schaut immer nach hinten. Bin nur mit verrückten in der Klasse. Aber unser Lehrer ist die Härte, er manikürt sich die Finger oder spielt am PC Solitär, während wir am arbeiten sind. Aber trotz alldem sind wir die beste Klasse, dass sagen alle Lehrer.

Wann ist bloß die Stunde vorbei? Wann ist endlich Pause, werde langsam nervös. Mein Kopf tut mal wieder weh. Stehe auf und renne auf die Toilette. Der Lehrer kennt das von mir schon und fragt nicht mehr hinterher, komme ja immer wieder.

Fange an zu weinen, auf der Toilette. Es sind wieder diese Bilder. Ich beiße und schlage mich. Warte bis die Pause anfängt und hoffe, dass niemand kommt. Eigentlich sind wir die einzige Klasse hier im Gang, so müsste eigentlich keiner vorbei schauen.

Es klingelt, die Pause beginnt. Gehe langsam in die Pausenhalle. Mein Freund ist nicht da. Schaue draußen nach ihm. Gehe erst zum Fußballplatz, stelle mich an den Zaun. Der Zaun ist nur ein Meter hoch, aber der Platz ist drei Meter tiefer. Nein, dort ist er auch nicht. Gehe wieder rein. Setze mich auf eine Bank und mache meine Deutsch Hausaufgaben. Einen Aufsatz sollen wir schreiben: „Unser schönster Tag". Ich weiß nicht, was ich schreiben soll. Bis jetzt war doch alles scheiße. Ein Tag ohne Schläge und Enttäuschungen? So was gab es nicht. Immer musste ich lügen. Ach vergess es, habe keine Lust darauf, stecke meine Sachen wieder ein.

Stress

Die Pause ist zu Ende. Stehe gerade als einziger vor der Klasse. Die anderen sind wohl wieder abgehauen. Eigentlich normal, wenn mittwochs Sport ausfällt. Und was mit meinem Fahrgeld? Typisch. Muss ich gleich im Heim anrufen und betteln, dass mich ein Zivi abholt. Nervt das. Setze mich vor die Tür und warte auf die Deutschlehrerin. Die kommt eigentlich fast immer zu spät. Schließe die Augen.

<< Guten Morgen, Philipp. Wo sind die anderen? >> fragt mich die Lehrerin.
Öffne die Augen und stehe auf.
<< Sind wohl wieder abgehauen. >>
<< Immer das gleiche, aber die werden sich noch wundern. Warte hier Philipp. Ich hole euren Klassenlehrer. >>
Und sie geht. Toll, jetzt bin ich wieder alleine. Immer das gleiche. Alle lassen sie mich alleine. Habe es wohl anders nicht verdient. Ich bin ja immer der Schuldige. Fange wieder an zu weinen. Warum weine ich eigentlich bei jedem bisschen? Das ist doch nicht normal. Mir wird schwindelig. Setze mich wieder hin. Toll, jetzt bist du auch noch schwach. Was soll aus mir bloß werden? Papa hatte wohl recht, dass ich nie was schaffen werde.
Ich höre Schritte, wische mir die Tränen weg und stehe auf. Mein Klassenlehrer kommt auf mich zu und sagt:
<< Philipp, du kannst gehen. Freitag fällt Sport aus. Du kannst Freitag nach der sechsten Stunde gehen, aber die anderen sitzen nach. Ach, ehe ich es vergesse, hier ist deine Bescheinigung. >> << Danke, aber wie komme ich jetzt wieder ins Heim? >> frage ich.

<< Ein Zivi ist unterwegs. Wir haben vor fünf Minuten ange-
rufen. Ich habe gehört, das ein Zivi hier in der Stadt Einkäufe
erledigt, er wird dich dann mitnehmen. >>
<< Danke. Bis morgen! >> verabschiede ich mich.
<< Bis morgen !>>

Etwa zehn Minuten später kommt der Zivi und nimmt mich
mit. Musste ihm allerdings erst meine Bescheinigung zeigen.
Warum auch immer? Wir sind nicht sofort zurück gefahren.
Zuerst in den Baumarkt, dann zur Bank und erst dann zum
Heim. War sehr interessant.
Im Heim angekommen, steige ich sofort aus und renne den
Weg hoch ins zweite Haus. Hier leben nur Jungs. Im ersten
Haus sind drei gemischte Kindergruppen. Gehe runter in den
Keller, ziehe mir meine Hausschuhe an und gehe hoch in die
Gruppe. Zuerst gehe ich in mein Zimmer, schmeiße meine
Schulsachen in die Ecke und setze mich aufs Bett.
Darf ich jetzt was essen? Heute Morgen gab es nichts. Ges-
tern habe ich einen Schokoriegel, eine Scheibe Tost mit Käse
„überbacken" aus der Mikrowelle gegessen. Ich soll doch
abnehmen, besser gesagt, ich muss ja. Bin viel zu dick.
Übermorgen ist wiegen. Bis dahin muss ich wieder was abgenommen haben, damit sie stolz auf mich sind. Heute mach ich
mir eine Dose Hühnersuppe. Stehe auf, gehe in den Flur,
zwanzig Schritte. Am Ende des Flures biege ich rechts ab in
den Vorrat. Öffne einen weißen Schrank. Es ist keine Hühnersuppe da. Schmeiße die Schranktür zu und gehe in die Küche.
Also links in das Wohnzimmer und wieder rechts in die Küche.
Öffne den Kühlschrank, nehme mir eine Scheibe Käse und
eine Scheibe Brot aus dem Brotkorb und setze mich an den
Tisch.
Die Tür klappert, es ist jemand gekommen. Schritte nähern
sich der Küche. Peter* erscheint im Rahmen.
<< Du auch schon hier? >> begrüßt er mich.

• • •

<< Ja, hatte heute früher aus. >> Pampe ich ihn an.

<< Hast du auch eine Bescheinigung? >>

<< Ja habe ich. >> schreie ich.

Ich kann ihn nicht ab. Peter* ist schwul und er packt mir immer an den Hintern. Ich habe das schon zweimal gemeldet, aber er streitet das immer ab und ich bekomme Ärger. Dieses Arschloch, ich könnte ihn killen. Sein Gesicht. Oh je, aber sei freundlich. Er ist mit in deiner Gruppe. Du schaffst das schon. Im Sommer bist du hier weg. Bis dahin ist es nicht mehr lang. Beiße von meinem Brot ab.

<< Was hast du heute schönes gemacht? >> frage ich sehr gehässig.

<< Komm halt dein Maul. Was ist eigentlich mit dir los? >>

<< Lass mich in Ruhe oder willst du welche aufs Maul, hä? >> schreie ich.

Schmeiße das Brot in den Müll und renne auf mein Zimmer.

<< Feigling, warte nur ab. ich zeige es dir noch >> schreit Peter* hinter mir her.

Schmeiße mich aus Bett, fange wieder an zu weinen. Du wolltest doch nett sein. Warum hast du das gemacht? Alles machst du falsch. Du Versager. Ich hasse mich. Ich schwitze. Ich habe das Gefühl, als wäre ich auf einem Boot. Es tut wieder weh. Ich hole aus meinem rechten Socken eine Klinge. Setze mich auf den Boden, schaue mir meinen linken Arm an. Setze die Klinge auf den Arm und drücke so fest ich kann. Voller Erwartung fange ich an zu zittern. Ich fühle einen Kloß im Hals, als würde gleich Bescherung sein. Ich warte bis das Gefühl kaum auszuhalten ist und ziehe die Klinge durch. Nach drei Wiederholungen fühle ich mich besser. Ich bin frei. Lecke die Klinge mit der Zunge ab. Ich liebe es, mein Blut zu schmecken. Stecke die Klinge wieder in den Socken, krieche zu meiner roten Tasche, nehme mir etwas Watte und drücke sie auf die Wunde. Nun wickle ich einen Verband um meinen Arm.

Reiße das Ende ein und knote den Verband zu. Ziehe mich aus und lege mich aufs Bett. Stelle den Wecker auf 15 Uhr, dann ist die Mittagsruhe vorbei.

Ich sitze in einer Gondel. Neben mir sitzen meine Brüder und mein Vater. Sie lachen. Mein Vater sieht so nett aus. Warum habe ich nur Angst vor ihm? Er erzählt wieder seine berühmten Witze. Schaue aus der Gondel. Mir wird schlecht. Wir sind in einem Riesenrad. Schaue mich weiter um. Ich hasse Riesenrad fahren, habe Höhenangst. Sehe das Festzelt, den Breakdancer und noch weitere Karussells. Meine Brüder fahren gerne Riesenrad. Dann ist er immer so nett. Ich merke wie wir wieder runterfahren. Nun sehe ich Mama. Sie lacht. Sie isst gerade einen Mohrenkopf mit Kokosraspel, ihre Lieblingssüßigkeit. Die isst sie auf jeder Kirmes. Wir halten, es ist vorbei. Wir steigen aus. Renne zu Mama und umarme sie. Sie ist so warm. Ich fühle mich geborgen.

Nachmittag

Piep, Piep .... Piep, Piep
Es verschwimmt alles. Es ist alles weg. Nur noch schwarz. Ich
fühle mich klein und allein. Mir wird kalt.
Piep, Piep
Es war alles nur ein Traum. Öffne die Augen. Liege noch im
Bett. Es ist 15 Uhr.
Piep, Piep
Juha. Dummer Wecker. Stelle ihn aus und stehe auf. Schaue
auf meinen Verband, es ist nichts durchgesickert. Schaue
nach draußen. Dort spielen ein paar Jungs schon Fußball.
Möchte auch spielen, aber dafür muss ich mein Zimmer auf-
räumen. Schaue mich um. Naja, eigentlich ist ja alles in Ordnung. Muss mich nur noch umziehen. Die Hose, die ich eben
anhatte, schmeiße ich in die Wäsche. Habe morgen Wasch-
tag. Gehe durch den Flur zum Zimmer der Betreuer.
<< Guten Tag, hatte heute nur 2 Stunden Schule und unser
Spezi hat wieder verpennt >> rufe ich ins Zimmer, zwei Betreuer schauen mich an.
<< Warte nächstes Mal bis wir uns nicht mehr unterhalten.
Und ja, wir wissen schon Bescheid >> antwortet einer von
ihnen.
Nicke und gehe raus. Wir brauchen uns nicht abzumelden,
wenn wir das Gelände nicht verlassen. Ziehe mir im Keller
meine Sportschuhe an und renne raus zum Platz.
<< Kann ich mitspielen? >> rufe ich Richtung Platz.
<< Ja, geht's du ins Tor? >> ruft einer von ihnen.
Soll ich ins Tor? Mein Arm, habe Angst, dass Sie es merken,
dass es wieder blutet. Wenn ich aufs Feld gehe, muss ich
meine Jacke ausziehen. Dann sehen sie es. Aber kann es nicht

einfach ein Unfall gewesen sein? Werden Sie mir glauben? Ich
weiß nicht. Es ist alles so kompliziert. Was mache ich nur? Ich
könnte weinen, es wieder tun, aber was dann? Darf ich es
denn?
<< Ja, ich gehe ins Tor! >> rufe ich.
Warum habe ich das gesagt? Möchte ich ins Tor? Was wäre
passiert, wenn ich Nein gesagt hätte. Hätten Sie mich ge-
hasst? Wahrscheinlich. Dann habe ich nicht das gemacht, was
sie von mir erwarten. Ich bin halt ein guter Torwart. Das kann
ich halt. Dann muss ich nicht die Jacke ausziehen, dann muss
ich mich nicht rechtfertigen. So ist es wohl am besten. Aber
trotzdem habe ich Angst, es zu machen. Angst es zu machen,
Angst es zu lassen. Warum versteht mich keiner?
Es war richtig, Philipp. Es ist alles ok. Beruhige dich, du
schaffst das.
<< In zehn Minuten kommt der Rest. Wir spielen noch etwas
Golden Goal. >> ruft einer.
Schaue ihn an und nicke. Setze mich auf die Bank und warte.
Naja, kann mich also noch etwas ausruhen, mich sammeln.
Ich muss mein bestes geben, muss ihnen zeigen, dass ich ei-
ner der besten bin.

Das Spiel geht los. Die anderen wählen schon, ich gehe schon
mal ins Tor. Solange sie beschäftig sind, wärme ich mich
schon mal auf. Überprüfe zwischenzeitlich auch mal meinen
Arm. Aber er ist ok. Sie dürfen es nicht merken, sonst bekomme ich Ärger und mein Ruf ist kaputt. Dann hassen Sie
mich wieder und ich bin der Idiot, der Verrückte oder sonst
was. Und die Gespräche, die ich dann bei den Therapeuten
bekomme, nein. Es ist unser Geheimnis Henri, hörst du unser
Geheimnis. Es ist egal, wie weh es gleich tut. Es muss geheim
bleiben. Ich darf keine Schwäche zeigen. Hart, eisern und
stark muss ich sein, so wie es alle von mir erwarten. Sie müssen es sehen. Es geht los.

• • •

Ich habe kaum was zu tun. Die gegnerische Mannschaft ist einfach zu schwach. In meiner Mannschaft ist der beste Stürmer aus dem Heim. Gott sei Dank. So tut der Arm weniger weh. Ich muss aber aufpassen, es kann alles passieren. Die Verteidigung meiner Mannschaft ist nicht gerade die Beste. Hoffentlich schießen die nicht mit voller Kraft. Es ist doch nur ein Spiel. Fun halt. Wir sollen nur bei Turnieren mit voller Kraft schießen, sagen die Therapeuten immer.
Aber es passiert oft, dass sie doch mit voller Kraft schießen. Zweimal al habe ich mir schon den Arm verstaucht und einmal hat einer so fest geschossen, dass ich mitsamt dem Ball ins Tor gefallen bin, und bin voll mit dem Hinterkopf auf den Platten aufgeschlagen. Es war meine Schuld, weil ich wollte, dass er mit voller Kraft schießt. Wollte nur schauen, ob ich gut genug bin.
Naja, war nicht gerade ein schönes Erlebnis.

Mein Arm. Ich kann nicht mehr. Es tut so weh. Ich habe das Gefühl es blutet wieder und mir ist so schwindelig.
<< Hey, wie viel Uhr haben wir? >> rufe ich.
<< In 30 Minuten ist es 18 Uhr>> bekomme ich als Antwort.
Noch 30 Minuten, das muss ich aushalten. Ich muss es schaffen. Ich schaffe das auch, nur Mut. Es ist egal, ob es blutet oder weh tut. Ich muss ihnen beweisen, dass ich kein Feigling bin, dass ich nicht einfach abhaue. Sie dürfen keinen Verdacht schöpfen.
Mittlerweile muss ich immer mehr tun. Die Verteidiger werden müde. Da ich eben kaum etwas zu tun hatte bin ich noch fit . Mein Arm stört mich nicht. Wenn es weh tut, weiß ich wenigstens: Der Ball ist sicher.
<< Hey, willst du nicht mal ins Tor gehen? >> frage ich meinen rechten Verteidiger. Er nickt.
Nun werde ich ihnen es zeigen. Ich stelle mich zwischen die Mittelfeldspieler und die der Verteidigung. Das ist meine Lieb-

lingsposition. Ich bin ein Spezialist darin, das Spiel schneller zu machen und die Gegner nach außen zu drängen, weg von der Mitte. In der Schule spiele ich immer in der Verteidigung. Mein Lehrer „hasst" mich. Er schimpft immer: „Oh Philipp, wenn du da nicht weggehst, schieße ich dir zwischen die Beine." Ich stehe immer im Weg, ist lustig. Des halb muss ich immer in seine Mannschaft und wehe, ich bin nicht in seine Mannschaft gekommen.

Es wird langsam dunkler und kühler. Ist wohl schon nach 18 Uhr. Passiert uns oft, dass wir länger spielen als wir dürfen. Die anderen essen schon um 18 Uhr. Wir essen erst um 19 Uhr. Heute Kocht Peter* für alle. Jeder kocht einmal in der Woche für alle. Ich habe gestern ein Kartoffelgratin gekocht, aber leider mit viel zu viel Knoblauch. Alle aus der Gruppe haben nach Knoblauch gestunken.

<< Hey, ich gehe hoch. >> schreie ich.

<< Ja, wir gehen jetzt auch, es ist auch schon spät. >> schreit jemand von ihnen.

<< Es ist schon 18:30 Uhr! >>

<< Scheiße. >>

Essen

Drehe mich um und renne ins Haus. Im Keller ziehe ich mir meine Schuhe aus. Gehe langsam hoch in mein Zimmer. In gut 20 Minuten gibt es Essen. Bis dahin muss ich wieder frisch sein. Ziehe meine Jacke aus, vorsichtig streife ich den Ärmel über meinen Arm. Auf dem Verband sind viele rote Punkte zu sehen. Und es tut so verdammt weh. Nehme mir eine Schere und schneide den Knoten des Verbandes auf. Wickle ihn vorsichtig ab. Immer wenn ich den Verband an der Oberseite des Armes löse, merke ich, wie es zieht. Der Verband klebt etwas am Arm. Setze mich vor die Tür, damit niemand rein kommt. Manchmal kommen die Betreuer anklopfen und ohne etwas zu sagen kommen sie rein. Es brennt, umso weiter ich es löse. Das letzte Stück reiße ich mit voller Kraft von meinem Arm und lasse den Verband neben mich fallen. Es blutet. Es sieht schön aus, mein Werk. Ich habe mir das angetan, ich bin dafür verantwortlich. Mein Kunstwerk. Glücklich, froh und auch voller Hass sehe ich meinen Arm an. Berühre mit der linken Hand mein Werk. Es tut gut und es tut nicht mehr so weh. Jetzt klebt das rote an meiner Hand, lecke es ab. Es schmeckt. Bin ich nicht ein glücklicher Künstler, ein guter Mensch, weil ich etwas kann, was die anderen nicht können. Ich liebe es, zu sehen, wie es fließt, wie es schmeckt. Löse langsam die Watte von den anderen Wunden. Und staune jedes Mal über mein Werk. Wie es sich verändert, wenn ich die Watte abziehe. Nehme mein Kissen vom Bett und drücke es auf meinen Arm. Mein Bett steht rechts neben der Tür. Brauche nicht aufzustehen, um mir mein Kissen zu nehmen. Stehe langsam auf und nehme mir aus der roten Tasche einen neuen Verband, zwei Tücher und Klebeband.
Lege die Tücher locker über die Wunden und wickle mir den Verband um meinen Arm. Kann das langsam recht gut. Habe

es mir von den Schwestern in der Psychiatrie abgeschaut, wie es aussehen muss. Und ich konnte ja jetzt oft üben. Mit zwei Klebestreifen fixiere ich den Verband, setze mich auf mein Bett. Im Sitzen schmeiße ich den Teppich auf den Verband. Muss also nach dem Essen mein Zimmer putzen.

Was Peter* heute wohl wieder zusammen gepanscht hat. Letztes Mal hat es ekelig geschmeckt und davor auch. Alles was er macht, ist einfach nur ekelig.

Es klopft und Peter* kommt rein, ohne auf meine Antwort zu warten. Ich stehe auf und schaue ihn an. Ohne darauf zu achten kommt er rein und setzt sich breitbeinig auf mein Bett.

<< Hey, Philipp >> sagt er.

Nein, mir wird schlecht. Ich hasse es, wenn er das tut. Er ist krank. Er kann nichts dafür. Aber dieser Junge. Kann er es nicht lassen?

<< Raus, verschwinde lass mich in Ruhe >> schreie ich ihn an.

<< Hey Alter, beruhige dich. Was habe ich dir getan? >>

<< RAUS !! >>

<< Ich wollte dir nur sagen, dass das Essen fertig ist. >>

<< Sag, das doch gleich. Und nun raus, Arschloch. >>

<< Ok, ok .>>

Er steht ganz langsam auf und geht raus. Dabei schaut er mich ganz finster an.

<< RAUS !>> schreie ich noch einmal.

Als er draußen ist, gehe ich auch raus langsam hinter ihm her Richtung Küche. Damit er nicht auf die Idee kommt, wieder in mein Zimmer zu gehen. Manchmal wünsche ich mir, dass wir Schlüssel für unsere Zimmer bekommen würden. Die Betreuer haben Angst, dass wir uns auf unserem Zimmer einschließen und uns was antun. Das können sie doch sowieso nicht überwachen, sie schauen doch höchstens nur zweimal in der Woche ins Zimmer und sonst ist man doch sowieso für sich selbst verantwortlich. Also, sie können auch so nicht wirklich überwachen, was wir auf unseren Zimmern machen. Die meinen nur das sie das können.

In der Küche setze ich mich auf meinen Platz. Nehme mir eine doppelte Portion und stopfe es mir rein. Ist doch egal, alles ist scheiß egal. Dieser Junge, wie der nervt. Solange ich esse, muss ich mich nicht mit den anderen beschäftigen.

Nehme mir drei weitere volle Teller. Den dritten Teller esse ich mit Magenkrämpfen auf. Jetzt will ich nur noch ins Bett. Fernsehen schaue ich abends kaum. Ich weiß nicht, was daran so interessant ist. Die anderen sind schon längst fertig. Bin mal wieder der letze.

Stehe auf, stelle meinen Teller in die Spüle und gehe Richtung Zimmer. Jetzt schmerzen mein Magen und mein Arm. Bei jedem Schritt habe ich das Gefühl, dass ich mein Essen gleich wieder sehe. Im Zimmer ziehe ich mich langsam bis auf die Unterhose aus und lege mich ins Bett. Hoffentlich ist der Tag schnell vorbei. Dann sind es nur noch 94 Tage bis ich nach Hause komme. Dann habe ich es überstanden und ich muss nicht mehr leiden. Freiheit !

Größte Scharm

Es ist dunkel, mein Arm brennt. Was ist los? Versuche mich zu
bewegen. Es geht nicht. Träume ich? Ich öffne die Augen.
Sehen tue ich nichts. Versuche es noch mal. Ich liege auf dem
Rücken, aber es geht nicht.
<< Haha. Was machst du jetzt? >> höre ich eine Stimme über
mir. Versuche mich weiter zu bewegen, aber es geht einfach
nicht.
<< Jetzt hole ich mir es! >> flüstert mir Peter* ins Ohr.
<< Lass mich los! Hau ab! >> schreie ich.
<< Niemand wird dich hören. Alle schlafen. >>
Und er drückt auf meinem linken Arm. Ich schreie auf. Mir
laufen Tränen über mein Gesicht. Ich versuche mit allen Mit-
teln, mich zu befreien. Er sitzt auf meinem Rücken.
<< Was hast du da an dem Arm gemacht? >> fragt er und
lacht.
Ich antworte nicht mehr. Ich will nicht. Es ist egal, was er
macht. Er soll nur noch weggehen, er soll verschwinden.
<< Kannst du nicht mehr sprechen? >> und er drückt wieder
zu.
Es brennt.
<< Ist dir das Schreien vergangen? Haha. >>
<< Hau ... ab >> flüstere ich.
<< Nein. Du weiß was ich will. >>
Ich weine, ich kann nicht mehr. Mir wird kotz übel. Ich weiß,
was er will. Er darf das nicht.
<< Wir sind ganz alleine, Philipp und ich bin nackt. >>
Mir dreht sich der Magen um. Ich will hier weg. Ich versuche
ihn zu treten und winde mich, um mich zu befreien.
Er lacht nur und drückt wieder auf meinen Arm.
Ich öffne meinen Mund, aber es kommt kein Laut.

• • •

<< Haha. Weißt du was? Deine Decke liegt auf dem Boden. >>

Ich merke, wie er sich leicht aufrichtet und ich ihn in den Rücken trete. Er schreit auf.

<< Du böser Junge. >>

Und ich merke einen Schlag auf meinem Kopf. Mir wird schwindelig, schwarz vor Augen.

<< So gefällst du mir schon besser. >>

Ich merke nichts mehr. Ich fühle nichts mehr. Als wäre ich nicht mehr ich. Ich bin nicht mehr da.

<< Er ist schon steif. >>

Ich merke, wie er in mich eindringt. Es ist mir egal. Mein Hals verschließt sich. Ich bekomme keine Luft mehr.

Bin ich tot?

Ich liege neben meinem Bett. Mir tut alles weh, ich zittere. Ich fühle mich klein. Keine Tränen mehr. Ich kann nicht weinen.

War es das oder kommt er wieder?

Ich habe es überlebt. Warum nur? Am liebsten wäre ich tot.

Ziehe mich wieder an. Es bringt nichts. Schleiche langsam, mit letzter Kraft zur Toilette, sacke vor der Schüssel zusammen und lasse alles raus.

Ich fange an zu schreien, zu weinen, schlage vor die Wand. Es bringt nichts. Es ist alles vorbei.

Warum lebe ich?

Richte mich auf und schaue in den Spiegel. Und kotze ins Waschbecken. Ich kann mich nicht sehen. Ich sehe nur ihn.

Schleiche langsam wieder ins Zimmer, möchte mich nicht ins Bett legen. Nie wieder.

Setze mich in die schmalste Ecke dieses Zimmer. So, dass ich aufs Bett und zur Tür schauen kann.

Ziehe die Knie an, mache mich ganz klein. Ich zittere.

<< *Henri, Henri?* >>

<< Wo bist du? >>
<< Ich bin immer da. >>
<< Warum lebe ich noch? >>
<< Sei stark. Du hast es überlebt. >>
<< Warum? Was nun? >>
<< Sag es keinem. Du darfst das nicht. >>
<< Ich habe Angst. Ich schaffe das nicht. >>
<< Du schaffst das. >>
<< I will die. >>
<< Du bist bald hier weg. >>
<< Bald?! >>

Der knall: Es fängt wieder an

Alter: 18

Was alles noch passierte:

Peter* wurde zwei Monate später entlassen, weil er in der Schule hinter kleinen Mädchen her ging. Ich habe es nie gesagt, was er mir angetan hat. Habe versucht, es zu verdrängen. Immer wenn ich die Bilder wieder sah oder das Gefühl wieder fühlte, habe ich mich voll gefressen und mich übergeben. Dies so drei bis fünfmal in der Woche. Im Sommer habe ich den Hauptschulabschluss gemacht, war der Klassenbeste. Mein Zeugnisdurchschnitt war 2,2. Eine Woche nach Schulabschluss bin ich nach Hause zu Mama gezogen. Nach den Sommerferien habe ich meine Fachoberschulreife nachgeholt. Danach habe ich fünf Monate versucht, Informationstechnischer Assistent zu lernen. Musste ich aber abbrechen. Musste dann für zwei Monate in die JOA (Jugend ohne Ausbildungsverhältnis) und nun bin ich bin der KSoB (= Klasse Schüler ohne Bildungsverhältnis).

Gestern

Ich sitze seit 19 Uhr am Computer. Habe ihn selbst zusammen
gestellt. Es ist mittlerweile schon 22 Uhr. Mama hat mir schon
zwei al Bescheid gesagt. Habe zwar morgen Schule, aber bis
jetzt habe ich es immer geschafft, morgens pünktlich aufzustehen. Bin gerade am Programmieren, ein Musik Player. Bis
jetzt kann er schon ogg-Dateien abspielen. Bin gerade dabei,
die Oberfläche zu gestalten. Muss aber zugeben, dass ich
viele Codeschnipsel aus dem Internet kopiert habe. Der
Player ist ja sowieso nur für mich. Programmiere in c++, meis-
tens nur aus Langeweile.
<< Philipp, jetzt mach die Klapperkiste aus >> schimpft Mama.
<< Ja, sofort noch 5 Minuten. >> antworte ich.
<< Das sagst du immer >>
<< Ja, ja. >>
Naja, ok. Es ist auch schon spät. Speichere alles ab und
schreibe den letzten Fehler in Stichpunkten auf einen Zettel.
Drücke kurz auf den Schalter meines PCs, ziehe mich um und
setze mich noch mal auf meinen Schreibtischstuhl.
<< Hey, wird es heute noch was? Ab ins Bett. Hier. Willst du
noch ein Mohrenkopf? >> fragt mich Mama.
<< Nein, danke morgen. Gehe jetzt schlafen. >>
<< Gute Nacht, Philipp >>
<< Gute Nacht !>>
Meine Mutter geht Richtung Badezimmer.
<< Mama. Was machen wir morgen? >> rufe ich.
Auf einmal höre ich einen lauten Knall, hört sich an, als wür-
de jemand eine Tür zu schmeißen. War vielleicht einer meiner
Brüder. Von Mama bekomme ich keine Antwort. Schalte das
Licht aus und schlafe ein.

Tot

<< Philipp, wach auf! Bitte wach auf, es ist ... Mama ... steh auf, bitte. >> höre ich meine Brüder.
<< STEH auf ... Mama .>>
Er weint!
Was ist los? Noch fünf Minuten.
<< Gleich, noch fünf Minuten >> sage ich.
Öffne die Augen und schaue auf die Uhr. Es ist erst 5:30 Uhr. Mein Bruder zittert. Er rennt raus und schreit. Was ist passiert? Und was ist mit Mama?
Stehe auf, setze mich auf mein Bett.
Mein Bruder kommt wieder ein. Er ist ganz weiß im Gesicht. Er hat noch Zahnpasta im Gesicht. Und schreit immer:
<< Mama ist kalt. Felix hat sie zugedeckt. >>
Er rennt wieder raus.
Was ist passiert? Warum ist Mama kalt? Mir wird schlecht. Ich muss nachschauen, ziehe mich an.
Meinen kleinen Bruder höre ich schluchzen.
<< Mama? ... steh auf <schluchz> MAMA! >>
Bin noch voll müde. Warum wecken die mich bloß, Mama hätte mich doch sowieso in 15 Minuten geweckt. Naja, schaue erst mal nach, was los ist. Was hat die bloß so fertig gemacht?
Gehe in den Flur. Mein kleiner Bruder steht im Flur und schaut die ganze Zeit in das Badezimmer. Er sieht aus wie eine Statue. Sein Gesicht, es ist tot. Mein anderer Bruder steht draußen. Er hat nur seinen Schlafanzug an. Er zittert, er weint und ich weiß nicht, er sieht irgendwie total verstört aus.
<< Was ist los? >> frage ich meinen kleinen Bruder.
Er schaut mich an und zeigt ins Badezimmer. Ich schaue ins Badezimmer.

• • •

NEIN!!!
Mama liegt auf dem Boden. Sie ist zugedeckt. Ihr Gesicht ist
ganz weiß. Schaue meinen kleinen Bruder wieder an. Er
schaut mich an. Er ist nicht mehr hier.
<< Sie war kalt, wir haben sie zugedeckt, damit sie nicht
friert. >> flüstert er.
Ich nicke. Ich kann es selber nicht ganz fassen. Sie ist tot. Ich
weiß nicht, woher ich das weiß. Ich fühle nichts. Keine Trauer. Ich muss meine Brüder wegschaffen und Hilfe holen.
<< Ja, das ist gut. >> flüster e ich.
Er nickt.
<< Kommt mit ins Wohnzimmer >> rufe ich.
Wir gehen zusammen ins Wohnzimmer.
<< Setzt euch aufs Sofa. Komme gleich wieder. >>
Gehe langsam in die Küche. Nehme mir drei Gläser, fülle sie
mit warmen Wasser. Ein Glas trinke ich, die anderen bringe
ich zu meinen Brüdern ins Wohnzimmer. Nur noch mein kleiner Bruder sitzt auf dem Sofa. Der andere ist raus gerannt.
Stelle ein Glas auf den Esszimmertisch und das andere halte
ich meinem kleinen Bruder hin.
<< Hier, trink was. Hilfe kommt gleich. Es wird alles gut. >>
flüstere ich.
Er nimmt das Glas, halte es aber noch mit fest. Habe Angst
dass er es nicht schafft, das Glas selbst zu halten.
Ich weiß gar nichts mehr. Ich weiß nur, dass meine Brüder
schnell hier weg müssen. Wann kommt denn der Krankenwagen? Haben die meinen Brüdern geglaubt? Es ist alles weg.
Er trinkt etwas. Er lässt das Glas los und schaut ins Leere. Stelle das Glas auf den Tisch. Stehe auf und dabei klopfe ich mit
der Hand auf seine Schulter. Stehe auf.
Hole das Telefon und versuche, Opa anzurufen. Sie schlafen
noch, aber es muss sein. Las es bestimmt dreißig Mal klingeln. Opa geht ran. Er hört sich total verschlafen an.

<< Komm schnell her, Mama liegt im Bad, meine Brüder haben sie gefunden und zugedeckt, Krankenwagen ist schon unterwegs. Komm bitte schnell. >> rattere ich runter.
<< Was ist los? >> höre ich Opa sagen.
<< Mama liegt im Bad. Kommt schnell! >> schreie ich in das Telefon.
<< Was ist mit ihr? >>
<< Mama ist ganz kalt. Kommt schnell! >>
Er soll schnell kommen. Ich weiß nicht, ob ich das noch lange aushalte. Bitte komm schnell. MAMA du bist tot.
<< Wir kommen sofort. >>
<< Danke. Bis gleich! >>
Lege auf und gehe wieder ins Wohnzimmer. Schalte den Fernseher an, schalte auf Zeichentrick.
<< Opa kommt gleich. Gleich ist alles vorbei. Dann wird alles gut. >> sage ich etwas lauter.
Schaue meinen kleinen Bruder an. Ich glaube, er hat mich nicht gehört. Setze mich neben ihn, lege meinen rechten Arm um ihn und drücke ihn. Er zittert nicht mehr. Er fühlt sich kalt an. Er reagiert nicht.
<< Es ist Hilfe unterwegs, keine Sorgen. Oma und Opa sind unterwegs. Gleich ist alles vorbei, gleich ... >> flüstere ich in sein Ohr.
Lasse ihn los und gehe raus. Es ist kalt. Die Kälte tut gut. Mein anderer Bruder geht die ganze Zeit auf und ab. Die ganze Zeit murmelt er irgendwas vor sich her. Weinen tut er auch nicht, aber er ist voller Zorn. Sein Gesicht ist ganz rot. Die Augen hat er zusammen gekniffen. Gehe auf ihn zu. Er bleibt stehen und starrt mich an. So habe ich ihn noch nie erlebt.
<< Opa und Oma kommen gleich. Gleich kommt Hilfe. Es ist gleich alles vorbei. >>
Er dreht sich um und rennt ins Zimmer. Gehe ins Badezimmer und knie mich vor meine Mutter hin. Nehme ihre linke Hand und versuche, ihren Puls zu fühlen. Ihre Hand ist schwer und

kalt. Man sieht blaue Striche, ihre Adern. Ihre Haut fühlt sich komisch an, wie Leder. Fühle keinen Puls. Lege den Arm wieder ganz vorsichtig hin. Halte meine rechte Hand ca. einen cm über ihre Nase und Mund, wie ich das in meinem PC Spiel gemacht habe, um zu prüfen, ob sie noch atmet. Halte etwas mehr als eine Minute die Hand über ihre Nase, aber ich spüre keinen Atem.

<< Mama. Du bist tot. Warum? Was habe ich falsch gemacht? Mama? >> flüstere ich.

Stehe auf und gehe wieder ins Wohnzimmer und schaue weiter TV.

Nach etwa 5 Minuten höre ich schwere Schritte. Mein Bruder steht auf und geht langsam in den Flur. Ich gehe hinterher.

Fünf Männer gehen ins Badezimmer. Mein anderer Bruder steht draußen und zeigt den Männern, wo sie hin müssen.

Endlich der Krankenwagen ist da. Schiebe meinen kleinen Bruder in die Küche.

<< Bleib hier! >> befehle ich ihm.

Gehe wieder in den Flur. Es rennen immer wieder Männer in Orange raus und rein. Die Badezimmertür ist zu.

Nach einiger Zeit ist es wieder ruhig.

Oma und Opa kommen rein. Opa klopft an die Badezimmertür. Ein Mann kommt raus und sagt irgendetwas zu ihnen. Ich kann es nicht hören. Oma bricht fast zusammen, aber mein Opa kann sie noch auffangen. Der Mann geht wieder ins Badezimmer. Opa muss Oma festhalten, damit Oma nicht hinterher stürmt. Sie weint.

Renne in mein Zimmer. Lege mich auf mein Bett und schaue in meinen Spiegel. Ich sehe nur mich. Bin ich das überhaupt? Bin ich ich? Das ist doch nur ein Traum! Ich fühle mich elend. Ein Gefühl von Hilflosigkeit. Es darf nicht real sein. Es darf einfach nicht. Warum nur? Warum immer ich? Ich dachte, es sei alles vorbei. Die sagten doch, es wird jetzt alles besser. Was habe ich falsch gemacht? Es ist doch alles meine Schuld.

• • •

Es darf nicht real sein. Es ist alles nur ein Traum. Schließe die Augen. Träume ich? Öffne die Augen wieder. Es ist noch da. Es darf nicht wahr sein. Mir wird schwindelig. Alles dreht sich. Mir ist kalt.

Opa kommt rein.

<< Mein Junge. Steh auf und komm in die Küche. Wir müssen euch was Wichtiges sagen. >>

Was soll denn jetzt noch wichtig sein? Es ist doch alles scheiß egal. Es ist nicht real.

Stehe auf und gehe langsam in die Küche. Lehne mich an die Arbeitsplatte. Wir stehen im Kreis. Meine Brüder, Opa und ein Sanitäter.

<< Ich muss euch etwas Wichtiges sagen. >> sagt der Sanitäter.

Was soll der denn sagen? Ich weiß doch schon. Mama ist tot. Er braucht es nicht sagen. Ich will es nicht hören. Es ist doch nur ein Traum.

<< Es tut mir leid es euch sagen zu müssen, aber eure Mutter ist tot. Wir müssen noch ein paar schriftliche Sachen festhalten und danach werdet ihr zu euren Großeltern gehen. >>

Ich gehe langsam ins Wohnzimmer, setze mich an den runden Esszimmertisch.

Es ist kein Traum, es ist alles real. Aber warum fühle ich keine Trauer? Muss ich denn nicht weinen?

Neben mir sitzt ein Sanitäter. Er schreibt irgendwelche Sachen auf. Wann wir Mama zum letzten Mal gesehen haben, wie es ihr die letzten Tage so ging.

Oma und der Pfarrer sitzen auch hier.

Meine Brüder sind in ihren Zimmer. Ich bekomme mit, wie Opa meinen Papa, meine Onkel, Tanten und Freunde von Mama, über den Tod von Mama informieren. Schaue auf die Uhr, es ist schon 7 Uhr.

• • •

Gehe in mein Zimmer, baue meinen PC ab und lege mich ins
Bett. Schließe die Augen. Es ist also doch wahr. Ich fühle
nichts, immer noch nichts. Fühle mich nur matt und schwer.
<< Philipp aufstehen, wir fahren jetzt los. >>
Schaue Richtung Stimme. Mein Opa steht in der Tür. Stehe
auf, nehme meinen PC und gehe nach draußen zum Auto.
Mein kleiner Bruder ist schon im Wagen.
Steige ein und frage ihn: << Wo ist unser Bruder? >>
<< Er ist weggerannt >> flüstert er.
Oma und Opa kommen, sie steigen ein und wir fahren los.
Oma und Opa wohnen nur fünf Minuten von uns entfernt.

Polizei

Meine Großeltern und mein kleiner Bruder steigen aus. Ich nehme meinen PC, steige auch aus und gehe hinter ihnen her. Im ersten Stock stelle ich meinen PC auf, schalte ihn sofort ein und spiele etwas an ihm.
Fühle, wie ich dabei meine letze kraft verliere, fühle mich leer, hilflos und auch voller Wut. Wut, dass ich wieder was falsch gemacht habe. Denke, das es wieder meine Schuld ist. Bin ich etwa noch nicht perfekt genug? Ich will nicht fühlen oder denken. Wann ist es endlich vorbei?
Setze meine Kopfhörer auf und mache die Musik auf voller Lautstärke an, damit ich nichts mehr mitbekomme. Der Tag soll vorbei sein.

Jemand klopft auf meine Schulter. Ich schrecke hoch, nehme meine Kopfhörer ab und schaue mich um. Oma steht neben mir.
<< Was ist Oma? >> frage ich.
<<Ich habe schon dreimal von unten gerufen, das das Essen fertig ist. >> mault Oma.
<< Ja, Entschuldigung. Habe ich nicht gehört. >>
Wie denn auch? Ich hatte doch Kopfhörer auf. Die hat Nerven.
<< Komme jetzt .>>
Oma nickt und geht.
Essen, habe ich wirklich Hunger? Ich fühle nichts dergleichen. Habe ich das eigentlich überhaupt mal gespürt? Was ist Hunger? Aber ich muss doch, sonst sterbe ich. Ich gehe lieber runter, sonst mault Oma wieder rum. Oma geht es nicht allzu gut. Sie hat ja gerade auch ihre Tochter verloren. Sie war meine Mutter. Aber warum fühle ich nichts? Was ist mit mir

los? Meine Brüder weinen, aber ich nicht. Bin ich denn noch normal?

Keine Antwort von Henri. Habe ich ihn auch verloren?

Nein, nicht dran denken. Lass es sein Philipp. Ich muss jetzt runter.

Speichere das Spiel und schalte den Monitor ab. Stehe auf und gehe runter in die Küche. Setze mich neben Opa. Gegenüber von mir sitzt Felix, Dominik sitz neben mir und Oma neben Felix. Oma hat Kartoffeln mit Würstchen gemacht. Nehme mir zwei halbe Kartoffeln.

<< Nimm dir doch noch was. >> sagt Oma zu mir.

<< Nein, habe keinen Hunger >> antworte ich.

Oma hat auch nicht mehr. Sie möchte immer, dass wir mehr nehmen. Ist halt ihre Art.

Wir dürfen noch nicht anfangen. Erst wenn wir gebetet haben. Oma betet immer vor. Mich hat das früher immer genervt, jetzt ist mir das egal geworden. Nur heute ist es irgendwie anders. Die Luft, sie ist mit Trauer getränkt. Und beim Beten bleiben die Hälfte der Wörter Oma im Halse stecken.

<< Guten Appetit !>> wünschen wir uns.

Nehme meine Gabel und versuche was zu essen.

Ich kann irgendwie nur kleine Stücke in meinen Mund nehmen. Es schmeckt nach nichts. Mein Kopf. Warum esse ich? Davon wird Mama auch nicht lebendig. Mir wird schlecht. Die „Mauer" im Hals wird immer größer und mein Bauch.

<< Sorry, ich muss aufstehen >> flüstere ich.

Opa nickt und ich gehe raus in den Flur. Was soll es? Gehe ich jetzt? Die Toilette ist neben der Küche. Ich wollte es Mama sagen. Warum ich so komisch esse, was ich nach dem Essen mache. Sie ist tot. Alles mache ich falsch. Warum immer ich? Ich halte es nicht mehr aus. Renne los, hoch zur zweiten Toilette. Schließe die Tür hinter mir, prüfe, ob sie auch wirklich abgesperrt ist. Nehme mir eine Handvoll Toilettenpapier und

● ● ●

schmeiße es in die Toilette, ziehe mir meinen Pullover aus.
Ich erwarte, dass es gleich kommt. Ich ekle mich nicht mehr
davor. Die Zeit ist vorbei. Lasse mich fallen und stecke mir
drei Finger in den Hals. Ich fühle diese „Klappe", die Luftröhre
und Speiseröhre trennen. Ich bewege die drei Finger immer
hoch und runter. Nach dem zehnten Würgen, ohne das was
hoch kam, höre ich auf. Ich kann weinen. Es tut so gut. Ich
sitze an der Wand, ich habe keine Kraft mehr. Es tat so gut.
Aber warum mache ich das noch? Ich wollte doch aufhören.
Ich fühle mich elendig. Es darf keiner erfahren, aber ich wollte
es doch Mama sagen. Ich wollte doch aufhören!! Mein Hals
brennt und meine Nase blutet wieder. Nur, weil ich es nicht
anders kann. Ich bin immer noch dieser Schwächling, der ich
nie sein wollte. Papa hatte doch recht.
Stehe langsam auf, ziehe ab. Stehe vorm Spiegel, schaue mich
an. Ich ekle mich. Das bin ich? Beschimpfe mich, wasche mich
und gehe wieder an den PC.
Spiele weiter, aber diesmal ohne Kopfhörer. Meine Nase blutet nicht mehr.
Nach etwa zwei Stunden kommt Dominik rein.
<< Darf ich auch mal? >> fragt er.
Pausiere das Spiel.
Soll ich ihn dran lassen? Er kann wieder was kaputt machen,
aber dann kann ich etwas Fernsehen schauen.
<< Nachdem Kaffeetrinken, ok? >> frage ich.
<< Na ja, ok. In zehn Minuten gibt es Kaffee. >>
Speichere ab. Typisch er. Das macht er immer so. Gehe mit
ihm runter in die Küche. Oma ist in der Küche.
<< Wann gibt es Kaffee? >> frage ich sie.
<< Jetzt gleich, hol Opa, der sitzt im Wohnzimmer. >>
Drehe mich um und gehe erst ins Wohnzimmer.
<< Opa, es gibt Kuchen. >>
Er dreht sich um und nickt.
Gehe in die Küche und setze mich auf meinen Platz.

Trinke nur Milch. Nach der vierten Tasse klingelt es. Opa
macht auf. Er kommt mit dem Besuch rein.
Es sind zwei Polizisten. Ein Mann und eine Frau.
<< Mein Beileid >> sagt der Mann.
Wir schauen ihn alle an.
<< Wir müssen euch ein paar Fragen über den Vorfall heute
Morgen stellen. >>
Ich schaue meine Brüder an. Sie zittern und sind leichenblass.
<< Eure Mutter war eine gute Frau, wo sie jetzt ist geht es ihr
besser. >> flüstert Oma.
Warum ging es ihr nicht gut bei uns? Warum hat sie mich
nicht mitgenommen, wenn es dort besser ist? Ich möchte zu
ihr. Ihr sagen, wie leid es mir tut. Was ich im Heim erlebt
habe. Es tut mir alles leid.
<< Wir reden erst mit eurem Opa. >>
Sie gehen mit Opa wieder raus. Sie gehen ins Wohnzimmer.
Schaue Oma an, sie weint wieder. Sie ist traurig. Warum? Sie
sagte doch, das Mama jetzt an einem schöneren Ort wäre.
Dann sollte sie doch froh sein. Ich verstehe nichts mehr. Ich
möchte auch so weinen können, ohne „Es" zu machen.

Opa kommt wieder rein. Er sieht sehr verbittert aus.
<< Philipp, die wollen mit dir reden. >>
<< Mit mir? >>
<< Die wollen nichts Schlimmes. Geh schon. >>
Stehe auf und gehe ins Wohnzimmer.
<< Setz dich >> sagt der Mann.
Setze mich und schaue sie mir genau an. Sie sehen ernst aus,
nichts anderes sieht man. Die Frau schaut auf ein Blatt und
der andere sieht mich die ganze Zeit an. Warum sagen die
nichts? Was soll das? Schaue zur Polizisten aufs Blatt. Dort
sehen nur Stichpunkte, wahrscheinlich von der Aussage von
Opa.

<< Also, Herr Schröck. Sie sind der Sohn von der Verstorbe-
nen? >> fragt der Polizist.
Dumme Frage. Wer soll ich denn sonst sein?
<< Ja >> antworte ich.
<< Wann haben Sie ihre Mutter zuletzt gesehen? >>
<< Als Sie mir gute Nacht gewünscht hat. >>
<< Wann war das ungefähr und was haben sie davor ge-
macht? >>
<< So um 23 Uhr. Davor habe ich fern geschaut. >>
<< Was kam denn im Fernsehen? >>
<< 24 und danach bin ich sofort ins Bett gegangen. Habe
nichts weiter mitbekommen. >>
Jetzt schauen mich beide Polizisten an und nicken. Anschei-
nend kann ich jetzt gehen. Stehe auf und gehe in die Küche
zurück. Schließe die Tür hinter mir.
<< Die hätten ruhig drei Tage später kommen sollen, warum
jetzt? Haben die denn kein Gewissen? >>schimpft mein Opa.
Hinter mir geht die Tür wieder auf. Drehe mich um.
Vor mir steht der Polizist.
<< Frau Kropf, wir möchten gern mit ihnen sprechen. >>
Opa schaut auf und schimpft laut: << Nein, sie sehen doch >>
und zeigt auf Oma.
Der Polizist nickt und sagt: << Mein Beileid, wir fahren jetzt.
Es tut uns Leid.>>
Er geht wieder raus, mein Opa hinterher.
Alle schweigen, jeder schaut auf den Boden. Ich merke ein
komisches Gefühl in mir, Angst einflößend. Als wäre alles
verloren . Alles ist Gefahr. Ich drehe mich um und renne hoch
in mein Zimmer. Schalte den Fernseher an und lasse mich auf
mein Bett fallen.
Felix steht in der Tür und fragt: << Darf ich mit schauen? >>
<< Ja setzt dich. >>

Fliege ich?

Schaue auf meine Uhr. Es ist jetzt 19 Uhr. Gleich wird Oma
rufen, dass es Abendessen gibt. Bevor sie rufen muss, gehe
ich liebe runter. Schalte den Fernseher aus.
<< Felix, lass uns runter gehen, gibt gleich Essen. >>
Er nickt und wir beide gehen runter. Ich hatte recht, Oma
wollte gerade rufen.
<< Ihr seid ja pünktlich >> stellt sie fest.
<< Ja>> antwortet Felix.
Wir gehen alle zusammen in die Küche. Setze mich hin. Es gibt
Brot, Käsescheiben, mehrere Wurstsorten und gebratene
Eier.
Niemand isst mehr als eine Scheibe Brot. Schauen uns eigent-
lich immer nur an. Keiner hat ein Thema. Naja, ich habe ei-
gentlich nur eine halbe Scheibe trockenes Brot gegessen.
<< Bleiben wir alle hier? Ich meine, müssen wir denn nicht zu
Papa? >> frage ich Opa.
Er schaut mich an. Mein Onkel räuspert sich. Dominik und
Felix schauen auf.
<< Ihr bleibt erst mal hier, für ein paar Tage. Philipp, du
bleibst bei uns. Du darfst entscheiden, wo du hin möchtest.
>>
Das heißt also Dominik und Felix müssen zu Papa. Ich bleibe
hier. Ich gehe nicht nach Papa. Nie.
Nicke und sage: << Ich bleibe hier, ich gehe nicht nach Papa.
>>
Opa schaut mich an, als hätte er nichts anderes erwartet.
<< Felix, mach mal Platz, möchte raus>> bitte ich meinen Bru-
der. Felix steht auf. Gehe Richtung Tür. Opa schaut auf und
spricht: << Du brauchst morgen nicht in die Schule. >>

Bleibe stehen. Morgen nicht in die Schule? Nein ich muss, sonst verpasse ich viel zu viel. Mir geht es doch gut. Dort komme ich auf bessere Gedanken. Hier werde ich vor Langeweile eingehen.

<< Ich gehe morgen in die Schule. >> sage ich.

<< Das ist auch gut. Es tut gut zu sehen, wie stark du bist. >> Nicke und gehe hoch an meinen PC. Spiele mein Spiel weiter. Es macht keinen Spaß mehr. Schalte den PC wieder aus und gehe hoch in mein Zimmer. Schalte den Fernseher wieder an und schaue Nachrichten.

Irgendwo ist wieder Krieg. Es sind wieder Menschen gestorben und die Politiker streiten mal wieder. Das Wetter soll etwas besser werden. Toll super. Immer das gleiche. Mir doch langsam egal, was die so machen. Politiker, Krieg oder Attentäter ist doch immer das gleiche, können die nicht mal was anderes machen?

Schalte den Fernseher wieder aus.

Renne wieder runter in die Küche.

<< Oma hat Opa Sachen geholt? >> frage ich.

<< Sie stehen im kleinen Raum >> antwortet sie.

<< Werde jetzt schlafen gehen. >>

<< Gute Nacht. Du bist so stark, aber du darfst auch mal weinen. >>

<< Gute Nacht. >>

Ich darf weinen? Aber wieso kann ich das nicht? Alles ist grau. Ich will schreien, alles raus lassen. Kein Laut, keine Tränen, kein Gefühl. Kann ich lachen, kann ich überhaupt weinen? Gehe nach unten, meine Sachen holen und dann wieder hoch. Ziehe mich um und lege mich in mein Bett und schließe die Augen. Reiße sie sofort wieder auf. Ich höre wieder den Knall. Ich hätte doch helfen können, es war doch meine Schuld. Alles ist meine Schuld. Warum habe ich ihr es nicht gesagt? Das ich kotze, dass ich mich manchmal noch selbst verletze. Jetzt kann ich es niemanden mehr sagen. Niemand

• • •

wird mich verstehen. Ich kann auch damit aufhören. Mit dem ganzen Scheiß. Ich darf einfach nichts mehr zu mir nehmen, dann kann ich nicht mehr kotzen. Ich schaffe das, ich habe es doch schon oft versucht. Nun weiß ich aber was passiert. Es sterben Menschen, wenn ich nicht stark bin. Ich werde bestraft. Papa hatte Recht. Die anderen hatten auch Recht. Man sieht es doch in ihren Augen, ich habe es doch immer gesehen. Sie wissen, wie schuldig ich bin. Sie wollen, dass ich sterbe, aber ich werde es ihnen schon zeigen.

Nein, es soll aufhören. Es tut so weh, ich reiße den Mund auf um zu schreien. Kein Laut, keine Tränen. Ich bin zu schwach. Es soll aufhören. Es soll nicht wieder anfangen. Mir wird schwindelig, alles wird leichter. Alles ist weg.

Fliege ich?

Tagesklinik: Magersucht im Kopf

Was alles noch passierte:

Ich war zwar am nächsten Tag in der Schule, bin aber nach der vierten Stunde vom Klassenlehrer nach Hause gebracht worden. Eine Woche später war die Beerdigung. Es kamen sehr viele Menschen. Meine Brüder sind nun bei meinem Vater. Ca. ein Monat später habe ich im Internet meinen Selbstmord angekündigt. Bin daraufhin eingewiesen worden. Aber nach zwanzig Stunden bin ich mit der Diagnose „Anpassungsstörung" wieder entlassen worden. Tage darauf bin ich in ambulante Therapie gegangen. Dort gaben sie mir noch die Diagnose: „Emotionale instabile Persönlichkeitsstörung Borderline Typus".
In den Sommerferien bin ich in stationäre Behandlung gegangen. Es hat nichts gebracht. Die wollten, wie sie immer sagten, mir nur „festen Boden" unter den Füßen verpassen, wie auch immer. Hatte nie Gespräche bei Therapeuten. Im November bin ich in die Tagesklinik gegangen. Dort haben die mein Essverhalten zum ersten Mal richtig mit bekommen. Sie meinten aber nur, das würde ich aus Trotz machen, um meine Großeltern zu ärgern.
Es ist Dezember.

Hinfahrt

<< Philipp, bist du schon wach? >>

<< Ja >>, antworte ich.

Mein Gott ich stehe doch schon auf, aber wenn sie alle fünf Minuten hochkommt. Außerdem will ich doch gar nicht in die Tagesklinik. Wir fahren heute zum Weihnachtsmarkt nach Dortmund. Möchte lieber im Bett liegen bleiben. Ich möchte nicht mehr, ich will nichts mehr sehen.

<< Steh endlich auf! Warum muss ich immer so oft hochkommen? >>

Schaue sie an, sie ist sauer. Naja, egal. Stehe auf, gehe an ihr vorbei ins Badezimmer. Schließe die Tür hinter mir ab, schaue in den Spiegel. Ziehe mich aus und sehe wieder wie fett ich bin. Fühle mich auch so, wieder fett, gestern warst du wieder schwach. Wieso musstest du diese Schokolade bloß essen? Du musst es doch besser wissen. Und heute noch Weihnachtsmarkt, ich muss es schaffen. Du isst heute nichts, überhaupt nicht. Du bist nicht schwach, du bist stark.

Nein, hör auf. Nicht denken. Ich muss mich beeilen. Ich weiß doch nicht mal, wie viel ich wiege. Erst muss ich aufs Klo und danach wiegen. Muss mich doch beeilen, sonst ist Oma wieder sauer.

Die Wiege zeigt heute 68,3 kg. Nein 300 g zugenommen. Das ist diese scheiß Schokolade gewesen. Du musst es schaffen, sind doch nur noch 3,3 kg bis du glücklich bist. Dann kann ich mir erst mal meine CD kaufen, für die ich die ganze Zeit schon spare.

<< Beeil dich >>, höre ich Oma von unten rufen.

<< Ja, ja >> schreie ich.

Mein Gott. Ich bin doch kein D-Zug. Naja ok. Wasche mich, ziehe mich an und renne runter in den Keller. Stelle mein

Fahrrad nach draußen. Nun renne ich wieder hoch in den
Flur. Ziehe mir meine Jacke und Handschuhe an.
Opa kommt aus der Küche.
<< Guten Morgen Opa! >>
<< Guten Morgen! Du musst los .>>
<< Ich weiß. Wollte jetzt los, Fahrkarte habe ich. Bis heute
Abend. Heute ist ja der Ausflug nach Dortmund. >>
<< Viel Spaß und denk daran, was zu essen. >>
<< Ja, ja, bis denn. Bye >>,rufe ich, als ich raus renne.
Frühstücken werde ich nicht. Opa und Oma glauben, ich
würde in der Tagesklinik essen. Und die in der Tagesklinik
glauben, ich esse bei meinen Großeltern. Ist doch perfekt.
Steige auf mein Fahrrad und schaue auf die Uhr. 6:15 Uhr.
Habe noch 45 Minuten Zeit. Das Wetter ist trocken, kein Regen, kein Schnee und kein Eis. Fahre heute wieder den großen
Umweg. Eigentlich würde ich die Strecke in 15 Minuten schaffen, wenn ich langsam den direkten Weg fahren würde.
Das mache ich nur sehr selten. Ich muss doch Kalorien ver-
brennen und so ist das doch eine gute Lösung. Zwar tut mir
danach am Bahnhof alles weh. Aber das ist doch egal, so weiß
ich doch, was ich geleistet habe. Wer schön sein will muss
leiden, heißt es doch.
Und wenn ich es nicht mache, sehe ich bei den anderen wieder meine Schuld. Sie schauen ja jetzt immer noch, zwar nicht
mehr so stark. Aber trotzdem ist die Schuld noch da. Sie
schauen mich immer an, sie zeigen auf mich. Sie wollen sehen, wie ich zerbreche. Sie wollen sehen, wie ich leide. Nein,
das wird nie passieren, nie wieder. Sie werden schon sehen,
wie stark ich bin. Das ich nicht mehr schuldig bin. Es darf ruhig
weh tun.
Meine Beine werden schwer. Ich fühle meine Füße nicht
mehr. Noch 10 Minuten bis zum Bahnhof. Nur noch diesen
Berg hoch. Mir wird schwindelig, schwarze Punkte erscheinen
vor meinen Augen. Nur noch ein kleines Stück.

● ● ●

Steige ab, dabei falle ich fast um. Du bist doch stark, atme noch einmal tief durch. Schiebe die letzen Meter noch zum Fahrradständer. Schließe mein Fahrrad am Fahrradständer fest. Der Zug ist schon da, heute mal pünktlich, sonst kommt er immer 5 bis 10 Minuten zu spät. Steige ein, setze mich nicht hin. Im Stehen verbrenne ich mehr. Morgen muss ich weniger wiegen. Das erwarte ich und die anderen doch von mir. Die werden alle noch staunen. Nehme schnell ab. Sie werden stolz auf mich sein.

<< Nächster Halt Marsberg. >>

So jetzt steigen die anderen ein. Gehe weiter nach vorn. Setze mich in ein Vierer-Abteil.

Der Zug hält. Ich schaue raus, sehe sie nicht. Hoffentlich steigen die ein. Ich habe keine Fahrkarte und was soll ich dem Schaffner erzählen?

<< Guten Morgen>>, höre ich eine bekannte Stimme hinter mir. Drehe mich um. Da sind sie endlich.

<< Guten Morgen, mir geht's gut >> sage ich verdattert.

Die Betreuerin nickt und die anderen setzen sich. Die Frauen sitzen im Vierer gegenüber und zwei Männern sitzen bei mir. Ein Mann wird später noch zu steigen. Der hat es gut, der kann noch etwas länger schlafen.

<< Wie oft müssen wir umsteigen? >> frage ich.

<< Einmal, aber das dauert noch. Haben Sie schon gefrühstückt? >>

<< Ja, habe ich, 2 Brötchen. Um wie viel Uhr fahren wir wieder zurück? >>

Ist zwar eine Lüge, aber das ist meine Standardantwort, wenn sie mir glauben, dann ist es doch egal. Alles ist doch egal.

<< Um ca. 17 Uhr müssen wir wieder in Marsberg sein. >>

Nicke und stecke mir die Kopfhörer meines iPods in die Ohren. Höre mir Blutengel, Caphalgy und Eisbrecher an. Tut gut brauche nicht mehr nachdenken. Nur die Musik ist dann wichtig. So ist alles weg.

• • •

Die anderen bewegen sich, sie stehen auf. Gehe hinter ihnen her. Der Zug hält, wir steigen aus. Laufen zum anderen Gleis und steigen in den dort wartenden Zug ein. Wir setzen uns wieder Geschlechtergetrennt hin. Keine Ahnung wieso, Zufall halt. Schließe die Augen. Ich schlafe nicht ein, mir ist alles nur ganz egal, als wäre nichts mehr wichtig. Keiner schaut, fühle mich leicht. Heute muss ich noch viel laufen. Heute werde ich nicht bewacht. Die wollen doch, dass ich abnehme, aber sie bewachen mich, halten mich vom Abnehmen ab. Ich werde nicht aufgeben. Jeder wird noch sehen, wie perfekt ich bin. Mama wird stolz sein und wenn ich sterbe, dann als starker Mensch. Jeder wird erzählen, wie stark ich war, keiner wird in mir den Versager sehen.

Weihnachtsmarkt

Wir sind da, endlich. Steige mit den anderen aus. Der Bahnhof sieht nicht sonderlich gut aus. Nicht unbedingt dreckiger als andere, nur, er macht mir einen verlorenen Eindruck. Hier ist es etwas kälter als in Marsberg, es liegt sogar Schnee. Die anderen stehen im Kreis, sie bereden irgendetwas. Nehme mir meine Kopfhörer raus.

<< ... Philipp geht mit uns! >> höre ich.

<< Wo gehe ich mit? >> frage ich.

<< Mit uns zwei, um 15 Uhr müssen wir uns hier wieder treffen. >>

<< Naja ok. Du wolltest doch hier zum Mittelalterstand, dort wollte ich auch hin. >>

<< Ja, also los. >>

Stecke mir einen Kopfhörer ins Ohr. Ich muss Musik hören, sonst drehe ich durch. Wir gehen los. Zuerst einmal zu McDonalds, da jemand aus unserer Gruppe noch nicht gefrühstückt hat. Wie kann man bloß dieses ekelig fette Zeug essen? Und das zum Frühstück? Naja, ist ja nicht mein Körper. Ich muss es ja nicht essen, Gott sei Dank. Die Musik lenkt ab.

Er hat sich einen Hamburger und eine Cola zum Mitnehmen gekauft. Jetzt muss ich mir das auch noch anschauen. Nein, das geht gar nicht. Mir wird schlecht, wenn ich das sehe. Wir gehen weiter.

Ich war noch nie in Dortmund, bin nur zweimal durch gefahren, aber dabei sieht man ja nicht viel. Ich hoffe, die Stadt sieht besser aus, als das, was ich eben aus dem Zug gesehen habe, diese Fabrikruinen.

Wir sind bei den ersten Ständen. Ist nicht gerade viel los. Naja die Stadt sieht schon mal besser aus. Wir haben leider keinen Plan, wo der Mittelmarktstand ist. Wir gehen erst mal nach links runter. Der Weihnachtsschmuck interessiert uns irgendwie nicht so.

Wir haben bis jetzt schon alles Mögliche gefunden. Wo wir gleich mal hin wollen, ganz oben auf dieser Liste steht ein CD- und Elektroladen.

<< Wo ist bloß dieser Stand? Mir wird langsam kalt >>, maule ich.

<< Du musst mehr essen, dann ist dir auch nicht mehr kalt. >> Bekomme ich als Antwort

<< Haha, ich esse doch. >>

<< Aber nicht genug .>>

<< Na toll. >>

<< Hey, dort sind die anderen und dort oben ist der Stand >>, sagt der andere.

<< Super >> sage ich.

Wir gehen zum Stand. Er ist voll. Wir müssen uns einen guten Platz zum Sehen erkämpfen. Nach ein paar Überlegungen hin und her, kaufe ich mir eine Kette, auf der ein Kreuz abgebildet ist.

Die anderen beiden haben sich auch eine Kette gekauft. Der Rest war für uns zu teuer. Ich wollte nicht sofort alles ausgeben.

<< Komm lass uns in den CD- und Elektroladen gehen >> , brülle ich fast, weil es ziemlich laut ist. Irgend so eine Bänd spielt hier.

<< Jup, lass uns losgehen. Wir haben sowieso nicht mehr so viel Zeit >>, brüllt einer.

Nun stecke ich mir auch den anderen Kopfhörer in das andere Ohr. Ich vertrage die Musik, die hier gespielt wird, nicht. Ich hasse Weihnachtslieder. Die sind immer so happy. Eigentlich hasse ich Weihnachten und Sylvester. Ok, die großen Weihnachtsmärkte finde ich schon in Ordnung. Aber diese vielen Süßigkeiten, nee lass mal.

Cheeseburger

Habe mir im Elektroladen eine Mittelalter/Folk CD gekauft.
Ich liebe diese Band. Wir waren sehr lange in diesem Ge-
schäft. Die andern haben sich CDs und eine DVD gekauft.
Sonst gab es nichts Interessantes.
Wir gehen wieder Richtung Bahnhof. In 30 Minuten wollen
wir uns wieder treffen. Hoffentlich kommen die auch pünktlich.
<< Ich möchte noch mal zu McDonalds. Wir müssen was es-
sen! >> Sagt einer aus unserer Gruppe.
<< Wir? >> Frage ich.
<< Du musst auch was essen. >>
Ich was essen? Dieses ekelige Zeug? Nein, danke. Er möchte
doch nur, dass ich wieder schwach werde. Da sieht man es
doch wieder. Immer wollen sie mich zur Schwäche verführen.
Nein, ich darf es nicht zulassen.
<< Nein, ich habe keinen Hunger. >>
<< Komm schon, nur diesen einen Burger. >>
<< Nein, lass mich in Ruhe! >> Ich schreie.
<< Du willst doch gesund werden. >>
Möchte ich das?
<< Ein Cheeseburger. Bist du nun zufrieden? >>
<< Nur, wenn du ihn auch aufisst. >>
<< Noch mehr Wünsche? >>
Der soll mich in Ruhe lassen. Ok, nur diesen einen Burger.
Sonst nichts. Wenn ich wieder am Bahnhof bin, fahre ich die
große Runde nach Hause und zu Hause mache ich noch etwas
Sport. Das braucht er nicht zu wissen. Die Ärzte machen nicht
so ein Theater, die meinen nur, ich würde das aus Trotz machen, um meine Großeltern zu ärgern. Die meinen auch,
wenn ich ins Reha- Haus gehe, würde ich wieder anfangen,

normal zu essen. Mache ich es denn wirklich nur aus Trotz?
Mir ist es egal, ob es meine Großeltern ärgert oder nicht. Sie
sollen mich einfach nur lassen. Sie sollen sich eher freuen. Ich
werde doch das, was sie immer in mir sehen wollten. Jetzt
kann ich ihnen zeigen, was ich kann. Ich glaube nicht, dass
ich es aus Trotz mache. Und solange die nichts machen, kann
ich ja weiter machen.
Nur diesen Burger, einmal. Sonst nie wieder. Habe keine Lust
darauf, dass er mich wieder nervt.
Wir stehen im McDonald an der Kasse. Gleich ist es soweit.
Sehe mich um. Weiter hinten sitzen ein paar Gothe. Warum
habe ich mich heute normal angezogen? Ja , weil meine
Großeltern dass so wollen. Boa, das nervt voll. Manchmal
nervt dass voll. Die laufen doch auch nicht besser rum.
<< Hier, dein Burger. >>
Nicke und nehme ihn mit zitternden Händen. Ich sehe, wie sie
alle wieder schauen und lachen. Ich will das nicht, ich will hier
weg. Nicht mehr auf dieser Welt sein.
<< Wir gehen zum Bahnsteig, die anderen kommen in 20 Mi-
nuten. >> Sagt einer aus unserer Gruppe.
Oben angekommen packe ich den Burger aus und stecke mir
die Kopfhörer in die Ohren. Jetzt bin ich wieder alleine, wie
immer. Sie lassen mich in Ruhe. Nur die Musik beschützt und
hält mich. Sonst wäre ich wohl schon wo anders. Schaue mir
den Burger an. Mir wird schlecht, aber ich muss ihn essen.
Beiße ein kleines Stück ab. Mir wird sofort kotz übel. Ich habe
das Gefühl, in meinem Mund sei Beton. Kann kaum kauen,
so widerlich ist das. Ich weine innerlich. Sie dürfen meine
Schwäche nicht sehen. Esse aus Frust, aber darf ich das essen
nennen? Ich beiße immer nur ein paar Krümel ab. Das Fleisch
habe ich bis jetzt noch nicht angerührt.
<< Hey die anderen kommen. >> Schreit einer so laut, das ich
es trotz Musik höre.

Drehe mich um. Sie steigen in einen Zug. Gehe hinter ihnen her, dabei werfe ich heimlich ¾ des Burgers in den Müll. Nun steige ich auch ein. Setze mich etwas abseits von ihnen. << Weckt mich, wenn wir in Marsberg sind >>, sage ich zu den anderen. Schließe die Augen und höre Musik.

Sie brauchten mich nicht zu wecken. Bin nicht richtig eingeschlafen. Habe mitbekommen, wie die anderen ausgestiegen sind. Bin jetzt wieder bei meinen Großeltern, auf meinem Zimmer. Schaue TV und gleichzeitig bin ich wieder im Internet. Muss doch meinen Fortschritt und mein Versagen den anderen mitteilen, und schauen, was sie wieder geschafft haben. Im TV läuft nichts besonderes, nur so eine komische Serie, schaue die nur, weil die manchmal recht lustig ist. Für morgen habe ich mir eine halbe Scheibe Brot mit einer Tomate, zum Essen, vorgenommen.

Reha-Haus: Die Einsicht

Was noch so alles passierte:

Am 15.01.2008 bin ich ins Reha-Haus gekommen. Die erste Zeit war ich, wie jeder andere auch, in der Vollverpflegung. Frühstück habe ich nie mit gegessen. Mittags nur manchmal, aber dann auch nur 1/8 der Portion. Abendessen habe ich auch nie gegessen. War die einzige Mahlzeit, die wir essen konnten, wann wir wollten. Für diese Mahlzeit gab es keine feste Zeit. Zwischenzeitlich war ich wieder in der Psychiatrie, weil ich ein paar Tabletten zu viel genommen habe. Ich wollte mich nicht umbringen, sondern einfach nur weg sein. Nicht mehr hier sein. Habe zehn 20 mg Cipralex Tabletten zu mir genommen. Drei Tage war ich nicht mehr wirklich bei mir. Das Gefühl fand ich irgendwie super. Die ersten Tage in der Psychiatrie habe ich kaum mitbekommen.
Nach einiger Zeit bin ich im Reha-Haus in eine WG gekommen. Das heißt, wir bekommen am Montag immer 30 €, mit denen wir uns über die ganze Woche verpflegen müssen. Ich brauche nur 2-4 € in der Woche, den Rest gebe ich für CDs und DVDs aus oder manchmal auch Bücher.

Arbeitstherapie

Liege Wach in mein Bett. Es ist gerade mal 8 Uhr. Um 9 Uhr
muss ich erst zur Arbeitstherapie. Die anderen essen jetzt
wohl schon Frühstück. Ich habe keinen Hunger. Schließe
noch Mals die Augen, nur noch 5 Minuten.
Öffne die Augen wieder, schaue auf die Uhr: 8:45. Stehe auf,
gehe mich Waschen, ziehe mich nach dem Wiegen an. Habe
wieder abgenommen 60,9kg, 200g weniger als gestern. Ziehe
mir meine Jacke an und Renne runter, raus auf den Bürger-
steig und weiter zur Arbeitstherapie. Bin heute mal pünktlich.
Heute werde ich mein Holz Gehäuse fertig stellen. Habe alles
selbst entworfen. Das Gehäuse ist ein „Desktop-Gehäuse",
also es liegt auf der Seite. Das Gehäuse besteht aus einer
großen Grundplatte, an den Ecken steht jeweils ein Pfeiler
von 8 cm. Die beiden Seitenwände bestehen aus Plexiglas und
die Vorderseite und Rückseite aus Holz. Die Oberseite besteht
aus Plexiglas und Holz. Sieht aus wie ein Fenster die Oberseite. Der Therapeut ist schon da.
<< Guten Morgen >> ruf ich
<< Guten Morgen, Philipp >> ruft der Therapeut.
Gehe zu meinem Platz. Es ist alles noch da. Die Bauteile die
ich gestern Lackiert habe sind trocken. Nehme mir die Grundplatte und schraube die ersten beiden Pfeiler und die Vorder-
front fest. Nun stecke ich an beiden Seiten die Plexigläser
scheiben rein. Nun befestige ich auch die beiden letzten Pfeiler und die Rückseite, an die Grundplatte. So, gehe zum
Schrank und hole mir mein Mainboard, meine CPU, die Laufwerke und mein Netzteil aus dem Schrank. Verbaue alles im
Gehäuse. Die Halter für die Laufwerke sind schon drin und die
Festplatte habe ich nicht mit hier runter genommen. Die baue
ich erst oben ein.

Es passt alles. Bin sehr zufrieden mit meinem Werk.
Gehe zum Therapeuten und schreie:
<< Kommen Sie, los ... Es passt alles, Schauen Sie es ist bin fertig. >>
<< Komme gleich. Kannst schon mal ein Bild machen. >>
Die anderen schauen sich mein Werk genauer an. Sie sind sehr begeistert davon.
<< Funktioniert den auch alles? >> frag mich einer von ihnen
<< Weiß nicht, probiere es mal aus. Warte. >>
Schraube das Gehäuse wieder auf und schließe die Schalter und die beiden LEDs an. Nun schließe ich das Gehäuse wieder und schließe das Netzteil an.
<< Nun ist der Tag der Wahrheit. >> verkünde ich und drücke auf den Schalter. Es funktioniert. Kein Kurzschluss, kein Rauch.
<< Es geht. Es geht. >> rufe ich voller Begeisterung
Der Therapeut kommt und ist sehr interessiert und freut sich mit mir mit.
<< Haben Sie gut gemacht, alles gut bearbeitet. Mach ein paar Fotos für die Wand. Danach kannst du es mit hoch nehmen. >> sagt der Therapeut.
<< Mache die Fotos mit mein Handy, kann die oben gleich ausdrücken. >>
Schalte den PC wieder aus, schieße 3 Fotos. Schraube alles was ich eben ins Gehäuse verbaut habe wieder raus und lege es in eine Holzkiste. Sonst ist mir das Gehäuse zu schwer.
Muss zwar dann zwei Mal laufen, aber besser als wenn ich das Gehäuse fallen lasse.
Schleppe erst die Elektroteile hoch in mein Zimmer und dann mein Gehäuse. Brauche heute nicht mehr in die Therapie.
Schraube mein Gehäuse wieder zusammen, schließe den Bild-schirm und die Eingabegeräte an und dann schalte ich ihn an. Linux bootet.

Es geht alles noch. Bin so happy. So happy war ich lange nicht mehr.

Melde mich an und gehe über UMTS ins Internet. Linux klar zu machen es soll den Stick als UMTS Stick verwänden hat schon etwas länger gedauert. Mit viel Probieren und Glück ging es dann doch noch. Starte ein Chat Programm. Meine beste Internet Freundin ist auch On. Schreibe sie an.

< Hey, wie geht's? > schreib ich

< Hey, ganz gut und dir? > antwortet sie

< Warum bist du on? Keine Schule? >

< Habe Ferien. Warum bist du on? >

< Habe mein Gehäuse fertig und müsste es sofort probieren ob noch alles geht. >

< Kuhl, Willst du jetzt in die Klinik? >

< Weiß nicht, traue mich nicht. Muss noch überlegen >

< Ach so, hmm >

< Was machst du heute? >

<KA gehe gleich weg >

< wohin? >

< Mit mein Freund nach Hannover >

<Wie läuft das jetzt mit der Mera Luna? Schlafen wir im Zelt oder bei dir? >

< KP >

< OK >

< Was machst du heute? >

< hm heute noch mal mit meiner Therapeutin reden, wegen Klinik >

< Philipp mach das. Das wird dir bestimmt helfen. >

< Ja ok. Muss nach denken. Spiele jetzt etwas CS1.6, danach bin ich off >

< Muss gleich auch weg. Hdgggl >

< Man schreibt sich bye, l2 >

< Bis denn >

Schließe das Chat Programm und starte CS1.6 mit wine.
Schaue auf mein Surf Stick. Es leuchten beide Lampen. Das
heißt dass ich mit dem schnellen HSDPA Netz verbunden bin.
<< Philipp, bist du da? >> ruft meine beste Freundin
Sie steht vor der Tür.
Schließe das Spiel, stehe auf um sie herein zu lassen.
<< Was ist? >> frag ich sie
<< Deine Therapeutin will in 30 Minuten mit dir reden. >>
Schaue auf die Uhr, es ist schon 14:30 Uhr.
<< Hast du schon was gegessen? >> frag sie
<< Ja, eine Scheibe Brot. >> lüge ich sie an
Sie nickt und geht wieder. Noch 30 Minuten. Was denn nun?
Soll ich in die Klinik gehen? Hier habe ich damit nicht aufge-
hört. Hier würde es irgendwie noch schlimmer. Habe Angst
davor. Wenn ich nicht gehe kann ich weiter machen, aber
wenn doch wird mir geholfen und ich muss zunehmen. Aber
dann bin ich wieder schwach. So bin ich aber auch schwach.
Manchmal habe ich das Gefühl zusammen zu brechen. Ich
bekomme noch nicht mal diese großen Stecker aus der Steck-
dose. Die hier sagen ich wäre Magersüchtig. Stimmt das etwa? Ich weiß nicht mehr. Ich habe so viel Angst. Und dieser
komische Test letztens im Internet verwirrt mich total, der
hört mitten drin auf und zeigt als Ergebnis das an:
Wir beziehen uns nur auf ihr Gewicht und Größe. Sie haben
viele Anzeichen an einer Krankheit, die in Fachkreisen als
Anorexia nervosa bezeichnet wird. Wir machen uns Sorgen, da
sie meinen sie hätten keine Essstörung. Wir raten ihnen sofort
ärztliche Hilfe in Anspruch zu nehmen. Um wirklich 100 pro-
zentisch abzuklären ob Sie wirklich an dieser Krankheit leiden.
Leiden? Leide ich den? Ich denke immer nur ans essen und es
zu reduzieren. Ich will an andere Sachen denken können, aber
das kann ich doch. Ich rechne, gestalte mein Tag, programmiere ein Programm, was mir das kcal Zählen abnimmt und
mein Gewicht in eine Datenbank abspeichert. Manchmal ko-

che ich doch für die anderen. Was soll das. Ich bin doch gar nicht Magersüchtig. Ich bin ein Mann. Renne in die Küche. Öffne den Kühlschrank. Jetzt beweise ich mir dass ich nicht Krank bin. Es sind noch drei Tafeln Schokolade da. Öffne eine Packung und stopfe sie mir rein. Mir wird warm, ich schwitze. Nach 5 Bissen habe ich sie vertilgt. Beim letzen Bissen, öffne ich die nächste Packung. Esse alle drei Packungen. Mir wird irgendwie leicht. Wenn ich magersüchtig wäre, dann könnte ich das doch nicht. Ich esse Schokolade, jede Tafel so 539 kcal. Mir wird schlecht. Mein Bauch tut weh. Mein Mund brennt. Meine Augen brennen. Warum habe ich das jetzt gemacht? Jetzt muss ich wieder Kotzen. Ich brauche die Hilfe. Muss ich doch in die Klinik? Will nicht mehr denken. Renne zur Toilette und kotze alles raus. Ich muss es tun. Mein Hals brennt, meine Nase läuft. Alles tut mir weh, nur mein Kopf nicht mehr. Die Kopfweh sind weg. Mein Kopf ist glücklich, aber warum muss ich weinen. Warum zittere ich, mir geht's doch gut? Ich habe doch alles raus gelassen, das Böse es ist doch nicht mehr in mir. Ich habe alles verloren. Ich brauche Hilfe, bevor ich mein Leben verliere. Wasch mich, ziehe mir frische Sachen an.

Gespräch

<< Entschuldige, saß wieder am PC > entschuldige ich mich
Sie schaut auf und lächelt. Weiß sie Bescheid?
<< Nicht schlimm. Hatte noch was zu tun. >>
Setze mich hin. Sie schließt die Tür und setzt sich auch hin.
<< Nun wo drüber möchten Sie heute reden? >> fragt Sie
<< Ich möchte in die Klinik am Korso. Ich brauche spezielle
Hilfe. Hier habe ich eingesehen dass ich Hilfe brauche. >>
Schaue auf den Boden. Habe wieder die Angst, Sie hassen
mich jetzt wieder. Habe Angst vor ihren Augen
<< Das haben wir uns auch schon gedacht. Können Sie sagen
was sie hier gelernt haben? >>
<< Hier habe ich gelernt mit anderen schneller Kontakt aufzu-
bauen. Alleine irgendwo hin zu gehen und eingesehen das ich
ohne Hilfe nicht aus mein Essverhalten raus komme. Ich weiß
ist gut gesagt, aber Sie haben hier viel versucht. Essenpläne
und so. Ich kann hier immer alles gut übergehen. Keiner bewacht mich wirklich. >>
<< Ich sehe es auch ein. Sie müssen das morgen in der Visite
der Ärztin genauso Schildern, dann wird Sie es auch verstehen, dass es besser wäre. >>
<< Mach ich >>
<< Was wollen Sie gleich noch machen? >>
<< Mit meiner Freundin raus gehen und den ausgefüllten
Fragebogen einwerfen, für die Klinik. >>
<< Dann möchte ich Sie nicht aufhalten. Dann bis Morgen.
Schönen Tag noch. >>
<< Wünsche ich Ihnen auch. >>
Gehe raus, hoch in mein Zimmer. Fahre mein PC runter.
Nehme den Fragebogen, stecke ihn in den Briefumschlag und
den Briefumschlag in meine Tasche. Schließe gerade die Zim-
mertür als meine Freundin hoch kommt.

<< Kann nicht mit kommen. Freue mich dass du dich für die Klinik entschieden hast. >>

Immer können sie nicht. Woher weißt die das mit der Klinik. Sie bekommt immer alles mit. Es nervt. Ok bleib ruhig, sie darf es nicht mit bekommen. Mir muss es gut gehen. Es darf mir nicht schlecht gehen.

<< Geht es dir nicht gut? Muss gleich in die „Gott und die Welt Gruppe". >>

<< Mir geht's gut, wieso? Naja egal bis heute Abend. >>

<< Ok, bist du mir jetzt sauer? >>

<< Nein. Wieso soll ich jetzt sauer sein? >>

<< Weiß nicht. Dann ist es ja in Ordnung. Wirklich nicht? >>

<< Nein, bin ich nicht >> sag ich etwas lauter

<< Dann bis heute Abend. >>

<< Bye >>

Sie geht runter. Ich gehe durch den 2. Ausgang raus. Ohne das mich jemand sieht. Renne zum Supermarkt. Wollte mir zwei DVDs kaufen oder so eine Docking Station für mein MP3 Player.

Ich darf nicht runter in die Lebensmittelabteilung. Darf nicht, sonst bin ich wieder schwach. Schaue mir interessiert die DVDs, CDs und PC spiele an. Kann mich kaum entscheiden. Am Ende habe ich mich für ein Spiel und eine DVD entschieden.

Renne wieder ins Reha Haus, schmeiße mein Inhalt der Tasche auf mein Bett.

Scheiße der Brief. Also wieder los. Renne zum Postkasten. Mach ich jetzt das richtige? Was ist wenn ich doch nicht Krank bin, dann mach ich mich doch zum Affen. Halte den Brief in den Schlitz. Mir wird wieder schwarz vor Augen. Warum jetzt? Ich habe doch kaum was gemacht. Liegt wohl daran das es schon dunkel ist. Mir wird schlecht. Ich höre Stimmen. Sie lästern wohl wieder über mich. Ich muss hier weg, schnell. Lasse den Brief los und renne wieder zurück in mein Bett.

• • •

Habe ich jetzt das richtige gemacht?